Barbara Hanauer

Materialien und Kopiervorlagen
zur Klassenlektüre

Maria Regina Kaiser / Armin Bukarov

AM ABGRUND

Hase und Igel®

Inhalt

www.hase-und-igel.de
Lektorat: Sonja Stahuber
Satz: Helga Lindemann
Illustrationen: Johann Brandstetter
Druck: Joh. Walch GmbH & Co. KG, Augsburg

ISBN 978-3-86760-461-1
2. Auflage 2022

„Am Abgrund“ – Das Buch im Unterricht

Das Buch

Die Lektüre dieser spannenden, jugendnah erzählten Geschichte kann einen wertvollen Beitrag zur Drogenaufklärung und Prävention leisten. Anders als z. B. bei Sachtexten oder schulischen Informationsveranstaltungen zu diesem Thema setzen sich die Schüler intensiv mit dem Schicksal von vier jungen Männern und Frauen auseinander, die aus unterschiedlichen Gründen Erfahrungen mit Drogen machen. Die Autoren schildern einfühlsam, anschaulich und ohne zu verharmlosen verschiedene Formen von Drogenmissbrauch sowie deren Auswirkungen auf die körperliche und seelische Gesundheit und auf die sozialen Beziehungen der jugendlichen Protagonisten. Dabei spielen auch Faktoren, die Suchtverhalten begünstigen, sowie Möglichkeiten der Behandlung von Süchtigen und die Klärung rechtlicher Fragen eine Rolle. Eine solche literarische Annäherung ohne erhobenen Zeigefinger kann sicher eine nachhaltigere Wirkung auf Jugendliche entfalten als gut gemeinte Vorträge oder Broschüren. Insbesondere Riccos Entwicklung im Laufe des Romans macht Mut und verdeutlicht, dass auch schwerste Lebenskrisen gemeistert werden können.

Maria Regina Kaiser und Armin Bukarov geben Leserinnen und Lesern ab der 8. Klasse vielfältige Möglichkeiten zur Identifikation, aber auch zur kritischen Auseinandersetzung mit den Figuren und Ereignissen des Romans. In diesem Spannungsfeld können eigene Lebensentwürfe und das eigene Verhältnis zu Drogen in dem Maße zum Unterrichtsthema werden, wie es das Vertrauensverhältnis in Ihrer Klasse zulässt.

Das Material

Das Begleitmaterial unterstützt, vertieft und bereichert die Beschäftigung mit den zentralen Themen der Lektüre. Es ist in sieben Abschnitte gegliedert, die dem Leseprozess folgen, was einen lektürebegleitenden Einsatz erleichtert, aber nicht erforderlich macht. Jeder Abschnitt beginnt mit einem Lehrerteil, der zunächst eine Zusammenfassung des Romaninhalts bietet. Danach folgen didaktische Hinweise und Musterlösungen zu den Kopiervorlagen. Gesprächs- und Schreibanlässe sowie Anregungen zur kreativen Auseinandersetzung mit den Inhalten der Lektüre schließen den Lehrerteil ab. Immer wieder können hier auch persönliche Wertungen und Erfahrungen einfließen.

Die unmittelbar einsetzbaren Kopiervorlagen setzen unterschiedliche Schwerpunkte, aus denen Sie je nach zeitlichem Rahmen und Unterrichtssituation wählen können. Einige Kopiervorlagen (z. B. „Die Personen“, S. 19) können die Lektüre des gesamten Romans begleiten.

Neben der intensiven Beschäftigung mit dem Thema „Drogensucht“ liegt das Augenmerk auf den Beziehungen und Entwicklungen der Figuren. Insbesondere die Chancen der vier Jugendlichen, aus dem Kreislauf der Sucht auszusteigen, werden beleuchtet.

Der Roman will die Schüler sensibilisieren, eigene Verhaltensweisen und Einstellungen zu hinterfragen. Dabei rückt nicht allein der Umgang mit Suchtmitteln, sondern die jugendliche Erfahrungswelt insgesamt ins Blickfeld: Körpergefühl, Beziehungen zum anderen Geschlecht, Freundschaft, Beeinflussung durch Gleichaltrige, Verhältnis zwischen Eltern und Kindern sowie der Umgang mit den Erwartungen von Erwachsenen. Diesen Themen nähern sich die Schüler anhand von kreativen Schreibaufgaben, Diskussionen und Rollenspielen. Anregungen zur sprachlich-stilistischen Auseinandersetzung mit der Lektüre bieten die Kopiervorlagen „Barsche Bitten“ (S. 21) und „Anschlag auf den Drachenbaum“ (S. 41).

Die thematischen Schwerpunkte der Kopiervorlagen sind durch die folgenden Signets in der oberen rechten Ecke gekennzeichnet:

Zur Lektüre

Umgang mit Sprache

Beziehungen

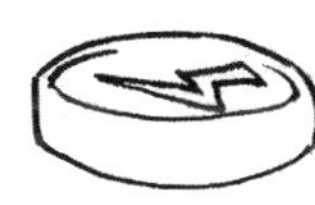

Sucht

Den einzelnen Arbeitsaufträgen auf den Kopiervorlagen sind zur besseren Orientierung folgende Symbole vorangestellt:

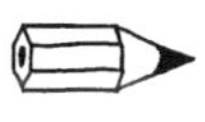

schreiben

lesen

diskutieren

Rollenspiel

Viel Spaß beim Lesen und Arbeiten mit Buch und Material!

Ihre Barbara Hanauer

Drogen – ein angstbesetztes Thema

Ein fundiertes Sachwissen zu Drogen und ihrem Missbrauch ist eine wichtige Grundlage für die Behandlung dieses Themas mit Jugendlichen. Eltern und Lehrer müssen dafür oft ihre Befangenheit überwinden. Ein erhobener Zeigefinger oder ein angstbesetzter Umgang mit dem Thema können dazu führen, dass die Jugendlichen sich nicht ernst genommen fühlen. Gerade diejenigen, die dabei sind, erste Erfahrungen mit Suchtmitteln zu machen, reagieren ablehnend auf die einseitige Betonung der Gefahren. Nehmen Sie die Erfahrungen, Fragen und Bedürfnisse der Schüler ernst und geben Sie viel Raum für unvoreingenommene Diskussionen. Holen Sie sich gegebenenfalls auch Unterstützung beim Drogenberatungslehrer der Schule, bei einer Beratungsstelle oder bei der Polizei, die in vielen Bundesländern Präventionsprogramme für Schulen anbietet.

Unterrichtsschwerpunkte

- Sich mit dem Thema „Sucht" auseinandersetzen
- Definitionen wichtiger Begriffe kennenlernen
- Den Leseprozess dokumentieren

Zur Kopiervorlage

KV Seite 6

Sucht – ein Fragebogen

Den Fragebogen können Sie bei einem guten Vertrauensverhältnis zwischen Ihnen und den Schülern sowie den Schülern untereinander als Einstieg in das zentrale Thema des Romans einsetzen. Um nicht schon vor Beginn der Lektürearbeit eine Ablehnungshaltung gegen das Thema „Sucht" zu provozieren, empfiehlt es sich in anderen Klassen, den Bogen erst zu einem späteren Zeitpunkt oder nach der Lektüre einzusetzen.

Die Schüler setzen sich im Fragebogen mit ihrer persönlichen Einstellung zu gesunder und bewusster Lebensführung, aber auch mit dem Alkoholkonsum von Eltern und Bekannten auseinander. Im Mittelpunkt steht hier der Alkohol, weil sicher die meisten Schüler mit dieser legalen Droge durch ihr Umfeld in Kontakt kommen; zudem gilt Alkohol als Einstiegsdroge.

Die Kopiervorlage kann außerdem im Rahmen eines umfangreicheren Projekts genutzt werden, um andere Klassen zu interviewen und aussagekräftigere Daten über die Einstellung von Jugendlichen zu Alkohol zu erhalten. Sprechen Sie im Zusammenhang mit Sucht auch über die anderen Süchte, die im Roman erwähnt werden.

Nützliche Internetadressen: *www.dhs.de, www.bzga.de, www.drugcom.de, www.drugscouts.de, www.inforo.online/prevnet/*

Wenn Sie den Fragebogen gemeinsam auswerten, sollten Sie die Schüler auf die Unterschiede z. B. zwischen dem Genuss der legalen Droge Alkohol oder dem Gebrauch eines Schmerzmittels und der Alkohol- oder Tablettensucht hinweisen. Erläutern Sie daher die folgenden Begriffe, die ihnen für die lektürebegleitenden Aufgaben nützlich sein können.

- *Gebrauch* ist die sinnvolle Anwendung von Substanzen, z. B. medizinische Indikation.
- Unter *Genuss* versteht man, dass die Substanz nicht benötigt, aber beim Gebrauch als angenehm empfunden wird.
- Mit *Missbrauch* bezeichnet man eine schädliche Verwendung von Suchtmitteln (qualitativer und quantitativer Art), z. B. Flatrate-Trinken, Alkohol im Straßenverkehr oder am Arbeitsplatz.
- *Gewöhnung* bedeutet die physische und/oder psychische Bindung an ein Suchtmittel, z. B. Konsum von Alkohol oder Nikotin zur Beruhigung.
- Aus der Gewöhnung folgt meistens als fließender Übergang der Schritt in die *Abhängigkeit.*
- Eine *Sucht/Abhängigkeit* entwickelt sich also nicht allein aufgrund einer Substanz, sondern ist das Resultat einer bestimmten Lebensführung.

Als Anregungen für eine Diskussion im Anschluss an die Auswertung des Fragebogens eignen sich die folgenden Fragen:

- Welche Gewohnheiten im Alltag stellen ein Potenzial für eine Suchtentwicklung dar?
- Ist das tägliche Glas Bier oder Wein am Abend gefährlich?
- Welche sozialen Gepflogenheiten fördern eine Suchtentwicklung?
- Was stärkt eine gesunde Lebensführung?
- Wie hängen körperliches und seelisches Wohlbefinden zusammen?
- Ist ein psychisch stabiler Mensch weniger suchtgefährdet als ein labiler?

Suchtmittel
Als Suchtmittel werden im Allgemeinen diejenigen Substanzen bezeichnet, die in den natürlichen Ablauf des Körpers eingreifen und die Stimmungen, Gefühle und Wahrnehmungen beeinflussen. Suchtmittel können aus pflanzlichen oder chemischen Grundstoffen gewonnen werden. Die Herstellung, der Besitz, Gebrauch und Vertrieb mancher Stoffe ist verboten, sie sind illegal. Über hundert dieser Stoffe sind im Betäubungsmittelgesetz aufgelistet.

Illegale Drogen sind z. B. Haschisch oder Heroin, die prinzipiell verboten sind, aber auch Substanzen, die medizinisch genutzt und nur bei entsprechender Indikation verschrieben werden dürfen, wie Morphin oder Amphetamine. Die meisten illegalen Drogen haben ein sehr hohes Sucht- und Missbrauchspotenzial.

Legale Drogen sind hingegen Substanzen, deren Besitz, Konsum oder Handel in der Gesellschaft ab einem gesetzlich festgelegten Alter erlaubt sind. Dazu zählen u. a. bestimmte rezeptfreie Medikamente, Alkohol, Tabak und Koffein. Die Mehrheit der legalen Drogen ist gesellschaftlich akzeptiert, das hohe Suchtpotenzial wird von den Konsumenten oftmals verharmlost oder ist ihnen nicht bekannt. Gerade weil legale Drogen frei erhältlich und ihr Gebrauch sowie Verkauf nicht strafbar sind, wird das Gefahrenpotenzial unterschätzt.

Kreativ aktiv

Ein Lesetagebuch anlegen

Lege vor dem Beginn der Lektüre ein Lesetagebuch an. Es gibt dir die Möglichkeit, dich parallel zum Lesen intensiv mit dem Inhalt auseinanderzusetzen, dir eigene Gedanken zum Geschehen, den Personen und deren Handlungen zu machen und diese in Wort und/oder Bild festzuhalten.
Hinweise zum Inhalt:

- Notiere in Stichworten, was du gelesen hast.
- Du kannst Inhalte in Worten oder auch in Zeichnungen zusammenfassen.
- Schreibe auf, was du beim Lesen gedacht oder gefühlt hast.
- Schreibe Textstellen heraus, die du besonders bewegend, traurig oder spannend findest.
- Übe ggf. Kritik an den Figuren, ihrem Verhalten oder am Aufbau der Geschichte.
- Füge Meldungen oder Berichte aus den Medien hinzu, die zum Thema passen.

Hinweise zum Aufbau und zur Gestaltung:

- Gestalte den Umschlag so, dass Titel und Thema des Buchs deutlich werden.
- Nummeriere die Innenseiten deines Lesetagebuchs. Ergänze das Datum deiner Einträge.
- Schreibe auf die Innenseite des Deckblatts ein Inhaltsverzeichnis, das du entsprechend deiner Einträge erweiterst.

Sucht – ein Fragebogen

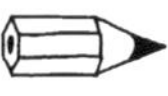

Kreuze ehrlich an, was auf dich und deine Familie zutrifft. Schreibe deinen Namen nicht auf das Blatt, damit deine Antworten anonym bleiben.

1. Wie oft konsumieren die erwachsenen Mitglieder deiner Familie Alkohol?

- ☐ nie
- ☐ selten (= 1- bis 2-mal pro Jahr)
- ☐ manchmal (= 1- bis 2-mal pro Monat)
- ☐ oft (= 1- bis 2-mal pro Woche)
- ☐ sehr oft (= mindestens 3-mal pro Woche)

2. Wenn bei dir zu Hause Alkohol getrunken wird, dann …
(Mehrfachnennungen möglich)

- ☐ gibt es eine besondere Gelegenheit, z. B. Feier- oder Geburtstage.
- ☐ gehört das zum Alltag dazu.
- ☐ wird darauf geachtet, dass nur eine bestimmte Menge konsumiert wird.

3. Sprechen deine Eltern mit dir über die Gefahren des Alkoholkonsums?

☐ ja ☐ nein

4. Gibt es in deinem Bekanntenkreis Menschen mit einem Alkoholproblem?

☐ ja ☐ nein ☐ weiß nicht

5. Wie oft konsumierst du Alkohol?

- ☐ nie (weiter mit Frage 7)
- ☐ selten (= 1- bis 2-mal pro Jahr)
- ☐ manchmal (= 1- bis 2-mal pro Monat)
- ☐ oft (= 1- bis 2-mal pro Woche)
- ☐ sehr oft (= mindestens 3-mal pro Woche)

6. Warum konsumierst du Alkohol?
(Mehrfachnennungen möglich)

- ☐ schmeckt gut
- ☐ einfach zu beschaffen
- ☐ große Auswahl an Produkten
- ☐ wegen meiner Freunde, Geselligkeit
- ☐ um Spaß zu haben
- ☐ Ablenkung vom Alltag, von Problemen
- ☐ Gewohnheit

7. Welche Drogen hast du bereits konsumiert?
(Mehrfachnennungen möglich)

☐ Alkohol ☐ Zigaretten

☐ Ecstasy ☐ Cannabis

☐ ______________________________

8. Achtest du darauf, dass du gesund lebst und dich gesund ernährst?

☐ Ja, immer. ☐ Ein wenig.

☐ Nein, überhaupt nicht.

9. Achtest du darauf, dass du dich körperlich und seelisch ausgeglichen fühlst?

☐ Ja, natürlich. ☐ Ein wenig.

☐ Nein, überhaupt nicht.

Wertet die Ergebnisse gemeinsam in der Klasse aus.

1. bis 4. Kapitel: Disconacht

Inhalt

(1) Theo Leberle, genannt Theo Vier, und Ricco Früh, beide 16 Jahre, sind auf dem Weg zur Disco. Sie haben Cannabis geraucht und Bier getrunken. Theo will Ricco dazu bringen, Ecstasy zu nehmen, um lockerer zu werden, denn er fürchtet, dass man ihn nicht in die Disco lässt. Ricco weiß, dass verunreinigtes Ecstasy lebensgefährlich ist, und wirft die angebotene Pille heimlich weg. Der Türsteher weist Ricco wie er wartet ab. Theo lässt er aufgrund des gefälschten Schülerausweises und Einlassstempels ein. Die achtzehnjährige Lissi, für die Ricco heimlich schwärmt, betritt mit ihren Freundinnen die Disco, während Ricco draußen bleiben muss.

(2) Während Ricco draußen auf Theo wartet, verkauft dieser in der Disco seine mitgebrachten Ecstasypillen, trinkt Alkohol und nimmt selbst eine Pille. Enthemmt spricht er an der Bar ein schwarzhaariges Mädchen an, das sich jedoch verstört abwendet. Theo wird vom Drogenmix übel. Er trifft beim Verlassen der Disco auf Lissi, die seine Ware als Kinderzeug bezeichnet. Theo seinerseits lehnt die harten Drogen ab, die sie konsumiert. Die Schwarzhaarige taucht vor der Disco auf. Um sie zu beeindrucken, erzählt Theo eine Lüge über seinen Freund, woraufhin das Mädchen Ricco beleidigt.

(3) Theo und Lissi trösten Ricco und wollen mit ihm zurück in die Stadt gehen. Lissi beginnt mit Ricco zu flirten und fordert ihn auf, eine ihrer Tabletten zu schlucken. Ricco gehorcht. Dann verlangt Lissi von ihm, Geld aus Theos Rucksack zu stehlen. Er gibt nach, nimmt fünfzig Euro, weigert sich aber, noch mehr zu entwenden. Lissi geht zurück zur Disco, weil sie sich – wie Ricco vermutet – Kokain kaufen möchte.

(4) Im Morgengrauen kommt Theo zurück zum „Maultaschenhaus“, der Wohnung und Metzgerei seiner Eltern. Theo schleicht sich hinein. Beim Zählen seiner Einnahmen stellt er fest, dass fünfzig Euro fehlen. Die braucht er aber am Montag für den Dealer. Im Treppenhaus trifft er auf seine Eltern, die die Lebensmittel für das Feuerwehrfest vorbereiten. Sein Vater, Theo Drei, brüllt Theo an, als er ihn mit seiner Punkfrisur sieht, zerrt ihn ins Bad und versucht die Farbe auszuwaschen. Er hält die Frisur für geschäftsschädigend, denn Theo soll beim Fest mithelfen. Theo flüchtet aus dem Haus.

Unterrichtsschwerpunkte

- Charakterisierung der Hauptfiguren
- Umgang mit Suchtmitteln
- Kenntnisse über Drogen und ihre Wirkungsweise

Zu den Kopiervorlagen

Theo und Ricco

KV Seite 11

Die Schüler setzen sich anhand der ersten vier Kapitel mit den Hauptpersonen intensiv auseinander. Sie untersuchen ihren Charakter, ihre Beziehungen und ihre Suchtanfälligkeit. Das Ergebnis ist für den weiteren Lektüreprozess wichtig. Die Schüler können eine solche Charakterisierung auch für sich selbst vornehmen.

Wenn Sie die Erkenntnisse für die weitere Lektüre nutzen wollen, lassen Sie die Schüler auf einem Blatt Notizen zu den Personen machen, die sie im Verlauf der Geschichte erweitern, damit ihnen die Entwicklung der Jugendlichen deutlich wird.

Da Lissi bereits in den ersten vier Kapiteln auftaucht, können die Schüler für sie nach demselben Schema wie für die beiden Jungen eine Charakterisierung vornehmen, die sie sukzessive erweitern.

Mögliche Lösung

Aufgabe 1:

Theo

Sehnsüchte: der Enge der Kleinstadt und den Erwartungen der Eltern entkommen

Schwächen: nimmt Schädigung durch verunreinigte Ware sogar bei seinem Freund in Kauf, fälscht Ausweis und Einlassstempel, rücksichtslos gegen Ricco und seine Ängste, sagt aus Eigennutz Unwahrheit über Ricco, neigt zu aggressivem Verhalten

Sorgen/Ängste: soll als Vegetarier die Metzgerei seiner Eltern übernehmen, er fühlt sich zu Hause unverstanden, fehlendes Geld für Dealer

Einstellung zu Drogen: konsumiert selbst verschiedene Substanzen, regt andere dazu an, handelt damit

Verhältnis zu Ricco: überlegen, beeinflussend

Verhältnis zum anderen Geschlecht: nicht kontaktscheu (aufgrund der Drogen)

Stärken: selbstbewusst, beliebt bei anderen

familiäre Situation: Probleme mit Eltern wegen seiner Frisur, Vater neigt zu Brutalität, Mutter zur Nachsicht, Theo rebelliert gegen die Eltern (Frisur, Drogen, Auswanderungsgedanken, Vegetarismus)

Ricco
Sehnsüchte: von anderen akzeptiert werden, schlank und attraktiv werden, auf die Fachoberschule gehen
Schwächen: depressiv, zurückhaltend, unsicher, leicht beeinflussbar, tut nichts gegen sein Übergewicht
Sorgen/Ängste: leidet unter Hänseleien, Versagens-, Prüfungsangst
Einstellung zu Drogen: Zurückhaltung bzgl. Mischkonsum, lässt sich von Theo und Lissi aber zum Konsum verleiten
Verhältnis zu Theo: bewundernd, unterlegen, beeinflussbar
Verhältnis zum anderen Geschlecht: sehr kontaktscheu, fühlt sich unattraktiv, ist leicht verführbar
Stärken: verfolgt Interessen zu einem Spezialgebiet auch außerhalb des Unterrichts, entwirft Computerspiel, kreativ
familiäre Situation: Eltern geschieden, Mutter alleinerziehend

KV Seite 12

Verführung

Im 3. Kapitel kommt es zur Kontaktaufnahme zwischen Ricco und Lissi. Lissi nutzt ihre Attraktivität aus und manipuliert Ricco, der in Liebesdingen naiv und unerfahren ist. Anhand der Kopiervorlage soll den Schülern deutlich werden, wie leicht Verliebte von dem Objekt ihrer Verehrung negativ beeinflusst werden können. Bei der letzten Aufgabe können die Schüler die Figurencharakteristik von Ricco (KV „Theo und Ricco", S. 11) zu Hilfe nehmen.

Mögliche Lösung

Aufgabe 1:
Blütenblätter:
- nimmt seinen Arm und „tröstet" ihn
- lässt sich von ihm streicheln
- küsst ihn

Dornen:
- erpresst ihn
- fordert ihn auf, ein Rauschmittel zu schlucken
- fordert ihn zum Bestehlen seines Freundes auf
- nimmt ihm sein letztes Geld ab
- lässt ihn stehen

Aufgabe 2:
Lissis Verhalten ist egoistisch, berechnend.

Aufgabe 3:
Ricco ist schon länger in Lissi verliebt. Er wurde kurz zuvor von einem Mädchen gedemütigt, daher wirkt Lissis „Trost" und Interesse besonders auf ihn. Sie spricht ihn an (er würde das nicht wagen). Er ist zutiefst dankbar, da er gewohnt ist, gehänselt zu werden. Er ist anderen gegenüber unsicher, beeinflussbar.

Wissenstest Drogen

Die Schüler testen ihr Wissen zu vier der bekanntesten Drogen. Manche der Informationen bezüglich des Konsums und der Wirkung erhalten sie auch aus der Lektüre. Greifen Sie evtl. beispielhaft die Stelle im 2. Kapitel heraus, nachdem Theo Ecstasy genommen hat. Es wird dort u. a. seine veränderte Wahrnehmung der Atmosphäre in der Disco sowie sein starkes Liebesbedürfnis deutlich, wenig später zudem Übelkeit aufgrund des Mischkonsums (siehe dazu auch die Rechercheaufgabe „Mehr über Drogen wissen", S. 17).

Lösung

Herkunft/Herstellung			
C	indischer Hanf, Marihuana, Haschisch	durch chemische Prozesse aus dem Rohopium des Schlafmohns gewonnen	B
A	Sammelbezeichnung für eine Vielzahl von Phenylethylaminen	Blätter eines südamerikanischen Strauches	D

Konsum			
A	in Tablettenform oder in Kapselform	in Zigarettenform, auch in Speisen, Tee	C
D	rauchen, inhalieren, schnupfen	intravenöse Injektion, schnupfen, rauchen	B

Wirkung			
C	aktivitätssteigernd, euphorisierend, enthemmend, erhöhtes Kontakt- und Redebedürfnis	Glücks- und Liebesgefühle, gleichzeitige Stimulation und Entspannung, Veränderung der optischen Wahrnehmung	A
D	man hält sich für intelligenter, tiefsinniger, hat eine euphorische Grundstimmung	beruhigend, entspannend, schmerzlösend, stark euphorisierend, beseitigt negative Empfindungen	B

	Kurzfristige Folgen		
C	Konzentrations- und Aufmerksamkeitsstörungen, Blutdruckabfall, erweiterte Pupillen, Mundtrockenheit	Auskühlung, Überhitzung, Bewusstseinsstörungen, Krampfanfälle, Überschätzung eigener Fähigkeiten, Erbrechen, Kreislaufstörungen	A
B	hohes Vergiftungsrisiko, Kreislaufversagen, Atemdepression, Lähmung des Atemzentrums, Verlangsamung der Herztätigkeit	Bewusstseinsstörungen, Aggressionen und Halluzinationen, Angst- und Panikzustände, Kreislaufstörungen	D

	Längerfristige Folgen		
A	Depressionen, Ängstlichkeit, Aggressivität, Beeinträchtigung des Gedächtnisses, Hirnschäden	psychische Abhängigkeit, verringerte Fähigkeit und Motivation zum Lernen, Passivität, Interesselosigkeit	C
B	ausgeprägter körperlicher Verfall, Leberschäden, soziale Verelendung, Persönlichkeitsveränderungen	Depressionen, Verfolgungswahn, Gehirnschäden, Abmagerung, Zerstörung der Nasenscheidewand	D

Gesprächs- und Schreibanlässe

Spaß haben

Viele Menschen konsumieren Suchtmittel, um „Spaß zu haben". Sprecht in der Klasse darüber, was für euch „Spaß haben" bedeutet. Wie feiert ihr Partys? Was ist das Wichtigste auf einer Party? Welche Suchtmittel gehören dazu? Worauf könnt oder könntet ihr verzichten?

Ein Lied für Theo

Theo spielt sein Lied auf der Mundharmonika. Viele Liedermacher nutzen ihre Songs für gesellschaftskritische Aussagen. Verfasst in Gruppen selbst eine Strophe mit Refrain, die Theos Kritik an seiner momentanen Lebenssituation zum Ausdruck bringt.

Ich will raus!

Warum will Theo nach Mexiko oder Bolivien auswandern? Kannst du diesen Wunsch nachvollziehen? Welche inneren Bilder ruft der Gedanke „weg von hier" in dir wach? Gestalte eine Seite zu diesem Thema.

Sitzen gelassen

Warum bleibt Ricco vor der Disco sitzen und wartet auf Theo? Warum geht er nicht nach Hause? Versetze dich in ihn hinein und schreibe einen inneren Monolog, in dem klar wird, wie er sich fühlt.

Gefühle – echt?

In einer Info-Broschüre zum Thema „Ecstasy" heißt es: „Hinter dem Bestreben, körperliche Leistungsfähigkeit und Gefühle durch die Zufuhr chemischer Substanzen zu steuern, statt sie durch Eigenleistungen zu beeinflussen, verbirgt sich eine gefährliche Lebenseinstellung, die dem Betroffenen letztlich die Fähigkeit nimmt, zwischen echten und chemisch erzeugten Gefühlen zu unterscheiden."

Erkläre, was damit gemeint ist. Untersuche anhand einer Textstelle aus dem 2. Kapitel, ob Theo diese „gefährliche Lebenseinstellung" hat.

Techno und Ecstasy

„Und die tanzenden Menschen neben ihm, die sind alle glücklich. Theo fühlt sich mit ihnen verbunden. Sie lachen, ihre Augen strahlen, sie genießen die Musik" (S. 12). Solche und ähnliche Aussagen sind vor allem aus der Technoszene bekannt. Dort ist auch der Konsum von Ecstasy überdurchschnittlich hoch.

Versucht durch Recherchen oder das Einbringen eigener Erfahrungen dem Zusammenhang von Techno und Ecstasy auf den Grund zu gehen. Wird ein Technofreak, der regelmäßig in Clubs geht, automatisch zum Ecstasy-Konsumenten?

Du verkaufst doch nur Kinderzeug

Auf Seite 13 wird deutlich, dass Lissi bereits stärkere Drogen als Ecstasy konsumiert und mit verschiedenen anderen Rauschmitteln experimentiert, um die gewünschte Wirkung zu erzielen. Inwiefern ist das typisch für „Drogenkarrieren"?

Theos Rebellion

Woran zeigt sich Theos Rebellion gegen seine Eltern, ihr Leben und ihre Erwartungen? Liste auf. Kannst du Theos Verhalten nachvollziehen? Findest du es sinnvoll? Welche Tipps für den Umgang mit seinen Eltern würdest du Theo geben?

Recherche

Vorsicht, neue Drogen!
2011 wurden 49 neue Drogen in der Europäischen Union entdeckt. Es handelt sich zum größten Teil um synthetisch hergestellte Cannabinoide, die den Wirkstoff THC enthalten. Sie werden u. a. als Kräutermischungen über das Internet als sogenannte „Legal Highs" verkauft. Bei ihrem Konsum ist mit enormen Risiken zu rechnen.

Informiert euch, z. B. unter *www.drugcom.de*, über die Gefahren neuer Drogen.

Kreativ aktiv

Nein sagen lernen
Ricco kann nicht Nein sagen. Er nimmt die Ecstasypille von Theo an und entsorgt die heimlich. Auch Lissi gegenüber kann Ricco nicht Nein sagen.
Wie könnte Ricco sich freundlich, aber bestimmt gegen die Angebote wehren? Sammelt gemeinsam Argumente für ihn. Probiert sie im Rollenspiel aus.

Kleidung
Theo steht auf Punk, wie sich von seinem T-Shirt und seiner Frisur ablesen lässt. Gestalte ein T-Shirt mit einem Spruch, der deine Lebenseinstellung oder ein anderes individuelles Statement ausdrückt. Welche Farbe soll das T-Shirt haben und was willst du damit vermitteln?

Spontane Rollenspiele
Ein spontanes Rollenspiel greift eine Situation aus dem unmittelbaren Erfahrensbereich der Jugendlichen heraus, z. B. Konflikte mit den Eltern oder Freunden, Probleme in der Schule. Spontane Rollenspiele können die Handlungskompetenz steigern und die Konfliktfähigkeit schulen. Geben Sie den Schülern eine kurze Einstimmung und Rahmenhandlung vor, der Ablauf des Spiels und die Ausgestaltung der Rollen bleibt offen. Kennzeichnend für spontane Rollenspiele ist, dass die Spielidee rasch in den Unterrichtsverlauf integriert werden kann.
Vorschläge für Spielsituationen:

- Theo versucht vor der Disco den Türsteher dazu zu überreden, Ricco einzulassen.
- Theo bringt das schwarzhaarige Mädchen dazu, sich bei Ricco für die Beleidigungen zu entschuldigen.

Theo und Ricco

In den ersten vier Kapiteln erfährst du viel über den Charakter der beiden Freunde, ihr Verhältnis zueinander, zu ihren Eltern, zum anderen Geschlecht und über ihre Einstellung zu Drogen.

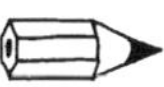 Schreibe aus dem Roman die Informationen auf, die du zu den vorgegebenen Themen erhältst. Setze deine Notizen eventuell in deinem Heft fort.

Theo

- Verhältnis zu Ricco
- Sehnsüchte
- Verhältnis zum anderen Geschlecht
- Schwächen
- Stärken
- Sorgen/Ängste
- familiäre Situation
- Einstellung zu Drogen

Ricco

- Verhältnis zu Theo
- Sehnsüchte
- Verhältnis zum anderen Geschlecht
- Schwächen
- Stärken
- Sorgen/Ängste
- familiäre Situation
- Einstellung zu Drogen

 Wie wirken die beiden Jungen auf dich? Mit wem könnest du dir vorstellen befreundet zu sein? Wen würdest du eher meiden? Begründe deine Meinung. Schreibe in dein Heft.

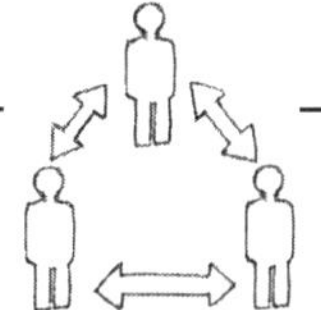

Verführung

Als Lissi im 3. Kapitel mit Ricco flirtet, fühlt er sich überfordert. Schreibe zu den Blütenblättern, welche Handlungen und Worte von Lissi Ricco positiv berühren, und zu den Dornen, welche ihn stören bzw. abstoßen.

Finde mindestens zwei Adjektive, die auf Lissis Verhalten Ricco gegenüber zutreffen.

Diskutiert darüber, welche Erfahrungen und charakterlichen Eigenschaften Ricco anfällig für Lissis Verführung machen.

Wissenstest Drogen

Wie gut bist du über die verschiedenen Drogen aufgeklärt? Einige Informationen kannst du dem Roman entnehmen. Ordne die Buchstaben den verschiedenen Kategorien zu.

A = Ecstasy B = Heroin C = Cannabis D = Kokain

	Herkunft/Herstellung		
	indischer Hanf, Marihuana, Haschisch	durch chemische Prozesse aus dem Rohopium des Schlafmohns gewonnen	
	Sammelbezeichnung für eine Vielzahl von Phenylethylaminen	Blätter eines südamerikanischen Strauches	

	Konsum		
	in Tablettenform oder in Kapselform	in Zigarettenform, auch in Speisen, Tee	
	rauchen, inhalieren, schnupfen	intravenöse Injektion, schnupfen, rauchen	

	Wirkung		
	aktivitätssteigernd, euphorisierend, enthemmend, erhöhtes Kontakt- und Redebedürfnis	Glücks- und Liebesgefühle, gleichzeitige Stimulation und Entspannung, Veränderung der optischen Wahrnehmung	
	man hält sich für intelligenter, tiefsinniger, hat eine euphorische Grundstimmung	beruhigend, entspannend, schmerzlösend, stark euphorisierend, beseitigt negative Empfindungen	

	Kurzfristige Folgen		
	Konzentrations- und Aufmerksamkeitsstörungen, Blutdruckabfall, erweiterte Pupillen, Mundtrockenheit	Auskühlung, Überhitzung, Bewusstseinsstörungen, Krampfanfälle, Überschätzung eigener Fähigkeiten, Erbrechen, Kreislaufstörungen	
	hohes Vergiftungsrisiko, Kreislaufversagen, Atemdepression, Lähmung des Atemzentrums, Verlangsamung der Herztätigkeit	Bewusstseinsstörungen, Aggressionen und Halluzinationen, Angst- und Panikzustände, Kreislaufstörungen	

	Längerfristige Folgen		
	Depressionen, Ängstlichkeit, Aggressivität, Beeinträchtigung des Gedächtnisses, Hirnschäden	psychische Abhängigkeit, verringerte Fähigkeit und Motivation zum Lernen, Passivität, Interesselosigkeit	
	ausgeprägter körperlicher Verfall, Leberschäden, soziale Verelendung, Persönlichkeitsveränderungen	Depressionen, Verfolgungswahn, Gehirnschäden, Abmagerung, Zerstörung der Nasenscheidewand	

5. bis 13. Kapitel: Der Tag danach

Inhalt

(5) Riccos Mutter, Marga Früh, arbeitet bei Theos Eltern und unterstützt sie auf dem Feuerwehrfest. Sie stammt aus Ostdeutschland. Nachdem ihr Mann die Familie verlassen hatte, ist sie nach Süddeutschland gezogen. Ihre beiden Söhne treffen sich auf dem Fest zum Mittagessen. Riccos sechs Jahre älterer Bruder Pedro übernimmt ihm gegenüber die Vaterrolle. In Riccos Augen ist der große Bruder perfekt. Pedro spricht Ricco darauf an, dass er gestern mit Lissi gesehen wurde. Er warnt ihn vor ihr und vor Drogen. In Riccos Hemdtasche entdeckt er ein Päckchen Cannabis und erfährt, dass es von Theo stammt.

(6) Theo erwacht auf einem Kinderspielplatz. Jemand hat ihm „Druffi" auf die Stirn geschrieben. In seinem Rauschzustand glaubt er, dass seine Eltern gerade Essen bei seiner Beerdigung ausgeben. Erst allmählich erinnert er sich an den Streit mit ihnen und daran, dass ihm Geld für den Dealer fehlt. Theo verfällt in Selbstmitleid. Mit letzter Kraft denkt er, dass er kein Druffi sein will, und beschließt nach Hause zu kriechen.

(7) Auf dem Fest macht sich Isabel Leberle um ihren Sohn Sorgen, von dem sie seit dem nächtlichen Streit nichts gehört hat. Dass er in letzter Zeit unzuverlässig geworden ist, führt sie auf den Schulstress und die bevorstehenden Abschlussprüfungen zurück. Isabel geht bald nach Hause, aber Theo ist noch nicht zurück. Sie betritt sein Zimmer und nutzt seine Abwesenheit, um aufzuräumen. Dabei entdeckt sie leere Wodkaflaschen und mehrere Packungen Hustenblocker. Sofort verdächtigt sie Ricco, dafür verantwortlich zu sein. Erst als sie auf Ecstasypillen stößt, muss sie sich eingestehen, dass ihr Sohn Drogen nimmt. Zur Sorge um ihren Mann, der durch einen beruflichen Tiefschlag psychisch und gesundheitlich angegriffen ist, kommt nun die um ihren Sohn hinzu.

(8) Pedro schärft Ricco ein, nie mehr Drogen zu nehmen, und droht ihm, es der Mutter zu sagen, Theo wegen Drogenhandels und Lissi wegen Verführung Minderjähriger anzuzeigen. Pedro stürmt davon, um seine Drohung wahr zu machen. Wenig später beobachtet Ricco, wie Theos Vater Hand in Hand mit seiner Mutter zum Autoscooter geht. Doch das beunruhigt ihn weniger als die Angst, die Mutter könnte ihre Stelle verlieren, wenn Theo seinetwegen verhaftet wird. Ricco steigert sich immer mehr in Selbstvorwürfe hinein. Nur die Erinnerung an Lissis Kuss erscheint ihm als Lichtblick.

(9) Isabel Leberle hat sich entschlossen, die in Theos Zimmer gefundenen Drogen verschwinden zu lassen. Sie entsorgt sie in einem fremden Mülleimer und überlegt, mit wem sie über Theos Drogenproblem sprechen könnte. Marga Früh scheidet als Ansprechpartnerin aus, ebenso Theos Lehrer oder die Mütter von Theos Klassenkameraden. Theo ruft zu Hause an und bittet seine Mutter ohne nähere Erklärungen, ihn am Krankenhaus abzuholen. Beunruhigt hetzt Isabel los.

(10) Ricco sitzt immer noch vor dem Festzelt, als er plötzlich Lissi am Rand des Autoscooters sieht. Sie wirkt traurig und körperlich angegriffen. Ricco rafft sich trotz seiner Scham, seiner Ängste und seines Selbsthasses auf und geht auf sie zu. Er will ihr helfen, doch sie weist ihn, den sie nur „Dummi" nennt, zunächst ab. Schließlich lässt sie sich von Ricco nach Hause begleiten. Am Hauseingang verabschiedet sie sich von Ricco mit einem Küsschen, was seine emotionale Verwirrung verstärkt.

(11) Weil Isabel Leberle so schnell wie möglich ihren Sohn abholen will, übersieht sie eine rote Ampel und wird geblitzt. Sie sucht rund um das Krankenhaus nach Theo, findet ihn jedoch nicht. Auch der Versuch, ihn auf seinem Handy zu erreichen, scheitert. Schließlich fährt sie nach Hause, um die Festnetznummer zu wählen, von der aus Theo angerufen hat. Es stellt sich heraus, dass Theo im Krankenhaus auf sie wartet. Sie erhält keine klare Auskunft, warum Theo dort ist, sondern erfährt nur, dass Theo ein „gesundheitliches Problem" hatte.

(12) Inzwischen ist Ricco zu Hause. Lissi klingelt bei ihm und erklärt, dass sie von ihrem Stiefvater geschlagen wurde. Sie bittet Ricco, bei ihm bleiben zu dürfen. Der ist so glücklich über ihren Besuch, dass er am liebsten alles für sie tun würde. Nach einigem Zögern gibt er Lissi auf ihre Bitte hin zwei von den Valiumtabletten seiner Mutter. Lissi spült sie mit Bier hinunter und fordert Ricco auf, es ihr gleichzutun. Obwohl er erst davor zurückschreckt, gibt er schnell nach. Plötzlich betritt Pedro die Wohnung und beschimpft Lissi.

(13) Nachdem Isabel Theo vom Krankenhaus nach Hause gebracht hat, konfrontiert sie ihn mit dem Ecstasyfund. Theo behauptet, es handle sich um Ritalintabletten, die er wegen der Abschlussprüfung brauche. Sie glaubt ihm zunächst nicht, aber dann beschleichen sie Zweifel. Im Krankenhaus hat man ihr mitgeteilt, dass Theo mit einer leich-

ten Alkoholvergiftung eingeliefert worden ist. Auch diese Tatsache wird von Isabel Leberle verharmlost. Wenig später erfahren Leberles, dass Ricco versucht hat, seinen älteren Bruder zu töten. Pedro schwebt in Lebensgefahr und Ricco wurde auf die geschlossene Station des Krankenhauses gebracht.

Unterrichtsschwerpunkte

- Personenkonstellation
- Problematische Lebenssituationen bei Erwachsenen, Kindern und Jugendlichen
- Sprache und Stil

Zu den Kopiervorlagen

Die Personen

Nach der Lektüre bis zum 13. Kapitel können sich die Schüler ein Bild von den Personen machen und auch davon, wie die meisten von ihnen zueinander stehen. Wenn darüber nichts gesagt wird, wie z. B. beim Verhältnis zwischen Theos Eltern und Lissi, werden keine Pfeile eingezeichnet.

Die Personenkonstellation kann im Laufe der Lektüre durch weitere Pfeile ergänzt werden. Alice und evtl. auch Onkel Ignaz können später hinzugefügt werden. Alternativ können die Schüler nach Abschluss der Lektüre die Personen neu arrangieren und durch einen Vergleich der beiden Bilder Entwicklungen aufzeigen. So muss bspw. der Abstand zwischen Theo und Ricco deutlich größer, der zwischen Ricco und Lissi kleiner dargestellt werden. Erläutern Sie ggf. die Bedeutung der Pfeilrichtung: Wer empfindet das jeweilige Gefühl wem gegenüber? Nur wenn beide Figuren das Gefühl füreinander teilen, ist ein Doppelpfeil (also ein Pfeil mit zwei Spitzen) angebracht.

Lassen Sie die Schüler alternativ oder weiterführend die Anordnung der Personen in Form eines Standbilds wiedergeben (s. Kreativ aktiv, S. 18).

Lösung

Aufgabe 1:

Riccos Mutter: gutmütig, harmoniebedürftig, inkonsequent, naiv, überfordert, hilflos, verunsichert

Pedro: jähzornig, überlegt, selbstbewusst, kritisch, konsequent, ungeduldig

Lissi: berechnend, hilflos

Theos Mutter: ratlos, fair, gutmütig, harmoniebedürftig, inkonsequent, naiv, überfordert, nachgiebig, hilflos, verunsichert

Theos Vater: jähzornig, kritisch, rechthaberisch, ungeduldig, überfordert

Aufgabe 2:

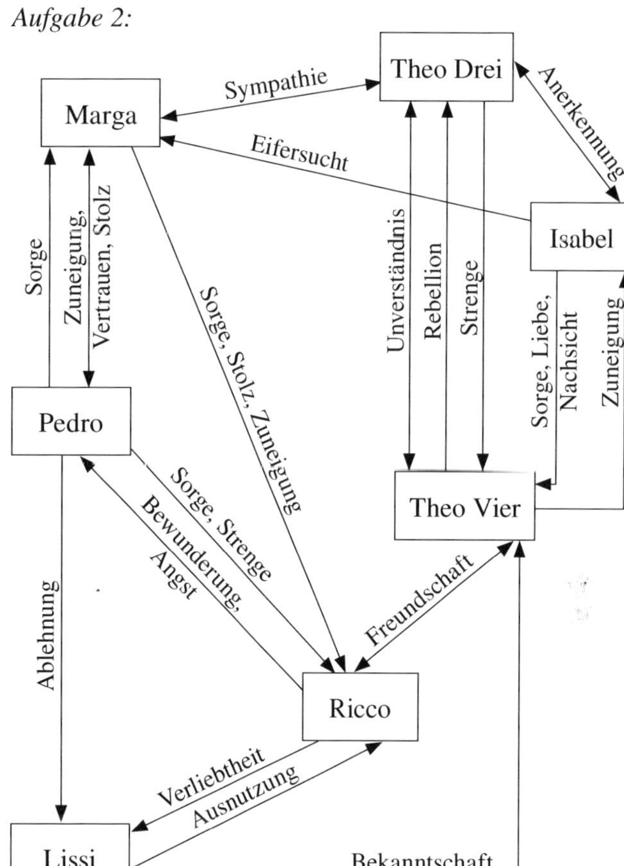

KV Seite 20

Muttersorgen

Das Arbeitsblatt bezieht sich auf das 7., 9. und 13. Kapitel und macht den Schülern deutlich, dass auch Eltern, in diesem Fall Theos Mutter, belastende Situationen zu bestehen haben und deshalb in ihrer Erziehung nicht immer souverän und konsequent sind.

Mögliche Lösung

Aufgabe 1:

1. Ungewissheit, Unsicherheit
2. Mitgefühl
3. Entfremdung zum Kind, Unsicherheit
4. Entfremdung zum Kind
5. berufliche Überforderung, Erschöpfung
6. Eifersucht
7. eigene Unzulänglichkeit, berufliche Überforderung
8. belastende Familiensituation
9. Zukunftsangst, Angst um den Ehepartner

10. Selbstvorwurf
11. Angst um den Ehepartner
12. Versagensangst

Aufgabe 2:
Richtig ist, dass sie ihren Sohn auf den Drogenfund anspricht. Sie lässt sich allerdings schnell von Theo um den Finger wickeln und verharmlost auch den Arztbefund. Sie handelt so, weil sie sich wohl um die Unbescholtenheit der Familie sorgt und ihren Sohn liebt, sodass sie ihm auch gegen besseres Wissen glauben will.
Sie hätte sich Rat bei einer Suchtstelle holen können, anstatt die Drogen bei Fremden zu entsorgen, die dadurch in Verdacht geraten könnten, Drogenhandel zu betreiben.

KV Seite 21

Barsche Bitten
Mithilfe der Aufgaben üben die Schüler anhand der Situation im 12. Kapitel das Formulieren höflicher Bitten und die Verbindung zweier Sätze durch Konjunktionen.

Mögliche Lösung
Aufgabe 1:
1. „Hallo, Ricco, würdest du mich bitte hereinlassen und gut hinter uns abschließen?"
2. „Könnte ich bitte zwei Valium haben, falls ihr welches habt?"
3. „Ricco, sei so freundlich und bring mir welches, wenn ihr es im Haus habt."
4. „Bitte geh nicht ran, wenn jemand anruft."
5. „Ricco, bitte beeile dich."
6. „Vielen Dank für das Angebot, aber ich möchte jetzt kein Schnitzel."

Aufgabe 2:
Ricco wird das Abitur nachholen, studieren und Zoologe werden, wenn/falls er die Abschlussprüfungen schafft.
Lissi ist zu Ricco geflüchtet, damit sie nicht bei ihrem Stiefvater sein muss.
Ricco kümmert sich um Lissi, obwohl sie ihn „Dummi" nennt.
Ricco ist Lissi gegenüber unsicher, weil er in sie verliebt ist.
Ricco nimmt Valium und trinkt Bier dazu, obwohl beides zusammen schädlich für ihn ist.
Ricco kann keinen klaren Gedanken fassen, während er durch die Fernsehprogramme zappt.
Lissi verführt Ricco zum Drogenkonsum, indem sie ihn streichelt und zärtlich zu ihm ist.

Aufgabe 3:
„Liebe Lissi, ich vertraue dir, aber ich möchte das nicht einnehmen, weil ich die Wirkung nicht abschätzen kann. Außerdem brauche ich es nicht; ich fühle mich schon besser, weil du bei mir bist."

KV Seite 22

Falsche Geständnisse
Anhand der Kopiervorlage untersuchen die Schüler die Auseinandersetzung zwischen Mutter und Sohn im 13. Kapitel im Hinblick auf den Umgang mit unangenehmen Wahrheiten.

Mögliche Lösung
Aufgabe 1:

Aussage der Mutter	Theos Antwort	Die Wahrheit
Du brauchst kein Ritalin. Ich habe die Tabletten weggeworfen.	Das nehmen alle. Ich brauch das, sonst fall ich durch.	Ich muss die Tabletten verkaufen, sonst habe ich riesigen Ärger mit meinem Dealer Wassili.
Laut Arztschreiben, das man mir im Krankenhaus gegeben hat, hattest du eine leichte Alkoholvergiftung.	Ich habe doch nur ein paar kleine Biere getrunken.	Ich habe bereits auf dem Weg zur Disco Bier getrunken. In der Disco gab es Bier, zwei Drinks und eine halbe Ecstasytablette.

Aufgabe 2:
a) Isabel: „Ich hab da was in deinem Zimmer gefunden."
Theos Reaktion: Er macht seiner Mutter ein schlechtes Gewissen, um sie in die Defensive zu drängen.
b) Isabel: „Theo, was für Tabletten sind das?"
Theos Reaktion: Er lügt seine Mutter an, behauptet, es handle sich um Ritalin, das er brauche, um den Abschluss zu schaffen. Er will ihr ein schlechtes Gewissen machen, denn er weiß, dass seine Mutter für sein schulisches Versagen nicht verantwortlich sein möchte.
c) Isabel: „Du brauchst kein Ritalin."
Theos Reaktion: Er spielt den Konsum von Ritalin herunter, indem er behauptet, dass es alle nehmen. Damit beruhigt er seine Mutter und entlastet ihr Gewissen. Mit dem

Argument, dass er ohne Ritalin durchfallen wird, macht er ihr wiederum ein schlechtes Gewissen.

Fazit: Theo macht seiner Mutter ein schlechtes Gewissen (Verantwortung für Schulversagen) und beruhigt sie gleichzeitig (Ritalin – keine Drogen, nur so schafft er den Abschluss, alle nehmen das). Da Isabel für ihren Sohn das Beste will und ihm glauben möchte, lässt sie sich von ihm manipulieren. Sie beenden die Auseinandersetzung.

Aufgabe 3:

Theos Mutter hält ihre strenge Haltung Theo gegenüber nicht lange durch und gibt sich schnell mit seinen Erklärungen zufrieden. Sie verharmlost das Problem.

Sie hätte Theo fragen können, warum er heimlich Tabletten, Hustenblocker und Alkohol konsumiert (hat), und ihm ein Gespräch bei einer Suchtberatungsstelle vorschlagen können.

Geschwister

Theo ist ein Einzelkind. Das belastet ihn besonders deswegen, weil er das Erbe der Metzgerei antreten soll. Und Ricco hat einen dominanten älteren Bruder, der es zwar gut mit ihm meint, aber sehr wenig auf ihn eingeht. Listet in der Klasse gemeinsam auf, welche positiven / negativen Seiten es haben kann, (keine) Geschwister zu haben.

Ordnung oder Chaos?

Betrachtet den Roman unter dem Aspekt Ordnung und Chaos. Welche Personen sind besonders ordentlich, welche besonders unordentlich? Was bedeutet das jeweils für sie? Wofür kann nach außen sichtbare Unordnung ein Zeichen sein? Steht äußere Ordnung oder Idylle immer auch für innere? Diskutiert darüber.

Abmachungen

Theo tadelt seine Mutter, dass sie ohne seine Zustimmung sein Zimmer betreten hat. Über welche Themen streitet ihr mit euren Eltern? Habt ihr über bestimmte Dinge ein „Abkommen" mit ihnen getroffen? Halten sie sich daran? Habt auch ihr gegenüber euren Eltern ein solches einzuhalten? Wie geht ihr, wie gehen eure Eltern mit einer Missachtung um?

Gesprächs- und Schreibanlässe

Schwer verliebt

Ricco ist in Lissi verliebt. Davon kann ihn auch sein Bruder nicht abbringen. Wie geht ihr damit um, wenn ein Freund oder eine Freundin in eine Person verliebt ist, von der ihr annehmt, dass sie ihm oder ihr schadet? Diskutiert darüber.

Kommunikation

Ricco kommt in der Unterhaltung mit seinem älteren Bruder auf dem Feuerwehrfest kaum zu Wort. Wie könnte er sich Pedro gegenüber besser behaupten? Welche Gesprächsregeln würden ihm helfen, sich besser verständlich zu machen? Formuliere sie für ihn.

Meinungsverschiedenheiten

Erstellt in der Klasse gemeinsam einen Fragebogen, der sich mit Meinungsverschiedenheiten in der Familie und dem Umgang damit auseinandersetzt, z. B.: Wie häufig wird gestritten? Welche Themen führen dazu? Wie werden Konflikte gelöst? Wie kann die Kommunikation verbessert werden? Macht anhand dieser Vorlage eine Umfrage an eurer Schule und wertet die Ergebnisse anschließend gemeinsam aus.

Recherche

Mehr über Drogen wissen

Sammelt Informationen zu den im Roman genannten Drogen und stellt die Risiken und Gefahren übersichtlich zusammen. Ordnet eure Ergebnisse entweder in Form von Steckbriefen an oder in Form eines Informationsplakats, das ihr in einem Kurzvortrag oder Referat der Klasse vorstellt. Mögliche Schwerpunkte für die Recherche:

- Herkunft der Substanz
- Art des Konsums
- Wirkung auf den Körper / auf die Psyche
- Kurzfristige Folgen des Konsums
- Längerfristige Folgen des Konsums

Anhand der Informationen könnt ihr das von Drogen beeinflusste Verhalten der Jugendlichen im Roman besser nachvollziehen. Listet auch konkrete Textstellen auf.

Nützliche Internetadressen: *www.dhs.de, www.bzga.de, www.drugcom.de, www.drugscouts.de, www.inforo.online/prevnet/*

Könnt ihr mit dem Drogenberatungslehrer eurer Schule sprechen? Gibt es eine Drogenberatungsstelle in eurer Nähe? Könnt ihr Fachleute von dort in eure Klasse einladen?

Kreativ aktiv

Anti-Drogen-Kampagne

Entwickelt in Partnerarbeit Slogans, mit denen ihr Jugendliche vor unüberlegtem Drogenkonsum warnt. Welche Motive wählt ihr für euer Anti-Drogen-Plakat? Wie muss der Text verfasst und auf dem Plakat oder Schild platziert sein? Ihr könnt euch an Schildern und Hinweistafeln z. B. aus dem Straßenverkehr orientieren.

Gefühlstagebuch

Gestaltet für Ricco, Theo oder Lissi über einen bestimmten Zeitraum (z. B. 1. bis 13. Kapitel) ein Gefühlstagebuch. Wählt aus der Tabelle die Gefühle, die die Person nach und nach erlebt. Ergänzt ggf. die vorgegebenen Begriffe durch eigene.

Scham	Unruhe	Mut
Hass	Ärger	Trotz
Glück	Angst	Stolz
Wut	Sorge	Trauer
Liebe	Freude	Ohnmacht

Ein Standbild bauen

Sucht euch eine wichtige und dramatische Situation im Roman aus und stellt die Beziehungen der Personen untereinander als Standbild dar. Eine geeignete Situation findet ihr z. B. am Ende des 12. Kapitels mit Ricco, Lissi und Pedro. Da ihr ohne Sprache auskommen sollt, müsst ihr die Hierarchie und Verbundenheit der Personen untereinander durch Körperhaltung, Gestik und Mimik ausdrücken. Es gibt mehrere Varianten:

- Variante 1: Die Darsteller erhalten von außen Regieanweisungen, die sie umsetzen müssen.
- Variante 2: Die Darsteller stellen sich als „Puppen“ bereit und lassen sich von anderen Mitschülern oder einem „Baumeister“ formen und anordnen.
- Variante 3: Während die einen Schüler vor der Tür warten, schlüpfen die anderen im Klassenzimmer in die Rolle der Romanfiguren und formen ein Standbild. Ist es fertig, kommen die Wartenden ins Zimmer und versuchen zu erkennen, was dargestellt ist.

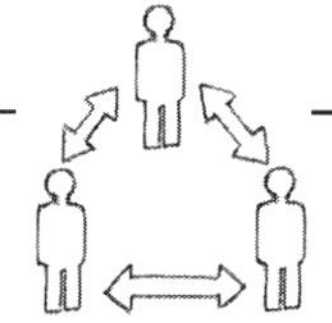

Die Personen

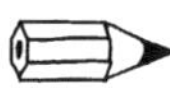

Nun hast du schon die meisten Personen kennengelernt. Welche Eigenschaften haben sie? Wähle passende Adjektive aus. Ergänze gegebenenfalls weitere, die du für passend hältst. Schreibe ins Heft, wenn der Platz nicht ausreicht.

jähzornig | überlegt | selbstbewusst | hartherzig | spontan

ratlos | humorlos | unterwürfig | stur | fair | kritisch | gutmütig

berechnend | rechthaberisch | konsequent | einfühlsam

harmoniebedürftig | ungeduldig | inkonsequent | naiv | streitlustig

überfordert | nachgiebig | hilflos | verunsichert

Riccos Mutter: ______________________________

Pedro: ______________________________

Lissi: ______________________________

Theos Mutter: ______________________________

Theos Vater: ______________________________

Wie stehen die Personen zueinander in Beziehung? Schneide die einzelnen Figuren aus und ordne sie auf einem DIN-A4-Blatt so an, dass deutlich wird, wer wem wie nahe steht. Zeichne Pfeile oder Doppelpfeile, die diese Bindungen verdeutlichen, und beschrifte sie mit treffenden Begriffen, z. B. Fürsorge, Liebe, Hass, Freundschaft.

✂

Theo Drei Leberle	Isabel Leberle	Theo Vier Leberle	Alice
Marga Früh	Pedro Früh	Ricco Früh	Lissi

Muttersorgen

Theos Mutter hat viele Sorgen. Ordne jeder Textstelle den passenden Oberbegriff zu. Manchmal passen zwei Begriffe.

Eifersucht Zukunftsangst Unsicherheit Ungewissheit berufliche Überforderung
Mitgefühl Selbstvorwurf Angst um den Ehepartner eigene Unzulänglichkeit
Versagensangst Entfremdung zum Kind Erschöpfung belastende Familiensituation

„Isabel Leberle muss ununterbrochen an Theo denken Wo der Junge nur steckt?“ (S. 34)	1. ______
Isabel denkt an Marga Früh, die alleinerziehend ist und damit zu kämpfen hat, ihren jüngsten Sohn aufzuziehen.	2. ______
„In letzter Zeit hat ihr armer Sohn zu viel Stress in der Schule. Er hat sich verändert.“ (S. 34)	3. ______
„Dumm nur, dass er seit zwei Jahren Vegetarier ist.“ (S. 34)	4. ______
„Ich bin so fertig von der Arbeit heute Nacht. (...) Ich glaub, ich geh nach Hause und leg mich schlafen.“ (S. 35 f.)	5. ______
„Marga sieht heute fünf Jahre jünger aus als sonst. (...) Am Ende kommt es noch so weit, dass er mit Marga eine Runde Autoscooter fährt.“ (S. 35 f.)	6. ______
„Am Maultaschenhaus angekommen sucht sie erst einmal nach ihren Schlüsseln. Hat sie die etwa im Festzelt liegen lassen?“ (S. 35)	7. ______
„Erst wird [Isabel Leberle] ihrem Theo etwas zu essen machen und ihm sagen, dass sein Vater alles nicht so gemeint hat.“ (S. 37)	8. ______
„[Theo Drei] war so wütend, dass er die Urkunde zurückgeben wollte. Isabel konnte das gerade noch verhindern.“ (S. 37)	9. ______
„Warum war sie so lange nicht mehr in diesem Zimmer? (...) Jede Woche hätte sie einmal nach dem Rechten sehen müssen, dann sähe es hier besser aus.“ (S. 38)	10. ______
„Wenn sie ihm sagt, was los ist, bekommt er einen Herzinfarkt.“ (S. 40)	11. ______
„Mach was, Isabel, du musst etwas tun! Du musst jetzt das Richtige tun. Du darfst keinen Fehler machen.“ (S. 40)	12. ______

„Du musst jetzt das Richtige tun“, sagt Isabel zu sich. Wie beurteilt ihr das Verhalten von Theos Mutter im 9. und 13. Kapitel? Warum handelt sie so? Tut sie eurer Meinung nach das Richtige oder wie hätte sie sich besser verhalten können?

Barsche Bitten

Im 12. Kapitel taucht Lissi unerwartet bei Ricco auf. Er ist so überwältigt, dass er sich von ihr herumkommandieren lässt.

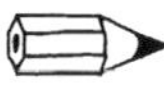 Formuliere Lissis barsche Aufforderungen in höfliche Bitten um, auch wenn der Stil nicht zu Lissi passt. Variiere im Ausdruck. Schreibe in dein Heft.

1. „Lass mich rein, Dummi! Und schließ gut hinter uns ab."
2. „Ich brauch zwei Valium."
3. „Mann, hol's schon, wenn ihr's im Haus habt."
4. „Wenn jemand anruft, gehst du nicht ran."
5. „Mach schon, Dummi. Bist du immer so langsam?"
6. „Ich will kein Schnitzel."

 Verbinde jeweils zwei Sätze mit einer passenden Konjunktion. Schreibe in dein Heft.

Beispiel: Marga Früh schläft stundenlang, <u>weil</u> sie Tabletten eingenommen hat.

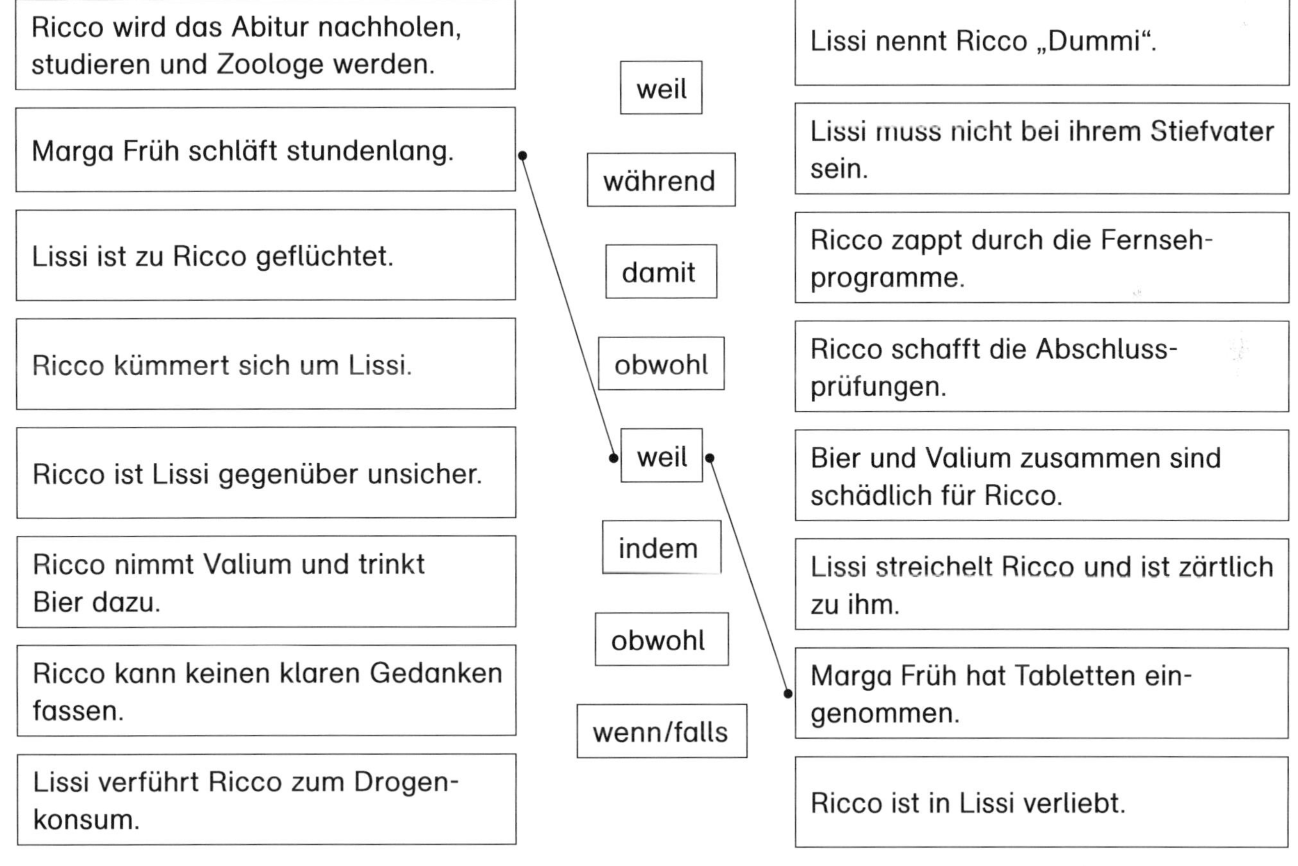

Ricco wird das Abitur nachholen, studieren und Zoologe werden.	weil	Lissi nennt Ricco „Dummi".
Marga Früh schläft stundenlang.	während	Lissi muss nicht bei ihrem Stiefvater sein.
Lissi ist zu Ricco geflüchtet.	damit	Ricco zappt durch die Fernsehprogramme.
Ricco kümmert sich um Lissi.	obwohl	Ricco schafft die Abschlussprüfungen.
Ricco ist Lissi gegenüber unsicher.	weil	Bier und Valium zusammen sind schädlich für Ricco.
Ricco nimmt Valium und trinkt Bier dazu.	indem	Lissi streichelt Ricco und ist zärtlich zu ihm.
Ricco kann keinen klaren Gedanken fassen.	obwohl	Marga Früh hat Tabletten eingenommen.
Lissi verführt Ricco zum Drogenkonsum.	wenn/falls	Ricco ist in Lissi verliebt.

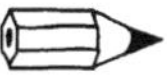 Mit „Oder vertraust du mir nicht?" (S. 56) bricht Lissi wieder einmal Riccos Widerstand gegen ein Substanzmittel. Was hätte Ricco ihr deiner Meinung nach antworten müssen, um ihr Angebot freundlich aber bestimmt abzulehnen? Schreibe in dein Heft.

Falsche Geständnisse

Im 13. Kapitel konfrontiert Isabel Leberle ihren Sohn damit, dass sie „Tabletten" bei ihm gefunden hat. Theo spielt ihre Vorwürfe herunter und belügt sie.

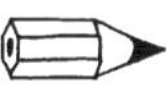 Ergänze in der zweiten Spalte, was Theo antwortet oder antworten könnte, und schreibe in die dritte Spalte, was er der Wahrheit gemäß sagen müsste.

Ich habe Tabletten in einem Plastikbeutel gefunden. Was für Tabletten sind das?

Das ist Ritalin, das brauche ich, um mich besser konzentrieren zu können.

Das ist Ecstasy, das ich verticke, um von hier wegzukommen.

Aussage der Mutter	Theos Antwort	Die Wahrheit
Du brauchst kein Ritalin. Ich habe die Tabletten weggeworfen.		
Laut Arztschreiben, das man mir im Krankenhaus gegeben hat, hattest du eine leichte Alkoholvergiftung.		

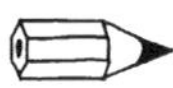 Lies noch einmal die Auseinandersetzung zwischen Theo und seiner Mutter im 13. Kapitel. Gib in eigenen Worten an, wie Theo auf die Aussagen seiner Mutter reagiert. Was will er damit erreichen? Erreicht er es tatsächlich? Schreibe in dein Heft.

a) Isabel: „Ich hab da was in deinem Zimmer gefunden."
b) Isabel: „Theo, was für Tabletten sind das?"
c) Isabel: „Du brauchst kein Ritalin."

 Wie beurteilt ihr das Verhalten von Theos Mutter? Was hindert sie daran, ihrem Sohn gegenüber konsequenter aufzutreten? Wie hätte sie eurer Meinung nach reagieren müssen?

14. bis 19. Kapitel: Bittere Konsequenzen

Inhalt

(14) Auf der geschlossenen Abteilung muss Ricco dem Arzt erzählen, was sich am Vortag ereignet hat. Ricco hat auf Pedro mit dem Brieföffner eingestochen und wollte sich dann aus dem Fenster stürzen. Als Ricco nach Pedros Gesundheitszustand fragt, weicht ihm der Arzt aus. Es wird immer unwahrscheinlicher, dass er die Abschlussprüfungen noch in diesem Jahr ablegen kann.

(15) Der Pfleger Rolf erklärt Ricco, was eine Drogenpsychose ist, und ihm wird bewusst, welcher Gefahr er sich ausgesetzt hat. In einem Telefonat mit seiner Mutter erfährt Ricco, dass Pedro außer Lebensgefahr ist. Sie kann sich nicht erklären, wie es zu dieser Eskalation kommen konnte, denn ihrer Wahrnehmung nach haben sich die Brüder immer gut verstanden. Sie ringt Ricco das Versprechen ab, nie wieder Drogen zu nehmen. Der Pfleger macht Ricco klar, dass er in diesem Jahr seinen Schulabschluss nicht mehr machen kann.

(16) Vater und Sohn Leberle unterhalten sich am sonntäglichen Mittagstisch über die anstehenden Prüfungen. Die Eltern wissen nicht, dass Theo in letzter Zeit häufig die Schule geschwänzt und Unterschriften gefälscht hat. Eine Drogenrazzia stört die Mittagsruhe. Da Isabel beim Aufräumen von Theos Zimmer belastendes Material entsorgt hat, entdecken die Fahnder nur hundertvierzig Euro in Theos Rucksack. Frau Leberle erklärt die hohe Summe damit, dass Theo für seine Hilfe in der Metzgerei Geld bekommt. Als die Beamten von Theo eine Erklärung fordern, interveniert die Mutter.

(17) Ricco verbringt seine Tage mit Therapie und unterhält sich mit anderen Patienten. Ein älterer Mann, Peter Heil, erzählt von seiner Suchtlaufbahn. Ricco soll auf die offene Station verlegt werden. Die Psychologin, Dr. Jebsen, lädt ihn ein, regelmäßig an den Sitzungen der Suchtgruppe teilzunehmen, um etwas über den Kreislauf der Sucht zu erfahren. Ricco hält sich selbst nicht für süchtig.

(18) Theo ist körperlich nicht in der Lage, an den Prüfungen teilzunehmen. Seine Mutter erklärt ihm, dass sie über seinen Alkohol- und Drogenkonsum im Bilde ist und ihm bei seinem Problem helfen will. Vom Oberkommissar hat sie erfahren, dass Theo Ricco Haschisch verkauft haben soll und Theo auf dem Weg sei, eine kriminelle Drogenkarriere einzuschlagen.

(19) Ricco erhält von Dr. Jebsen die Diagnose, dass er unter Depressionen leidet und medikamentös eingestellt werden muss. Außerdem soll er eine Gesprächs- und Maltherapie machen. Seinem Bruder geht es besser und Ricco könnte ihn besuchen, doch er hat noch zu viel Angst davor. Während Ricco seinem Küchendienst nachgeht, taucht zu seiner Freude überraschend Lissi auf, die zur Entgiftung eingeliefert worden ist.

Unterrichtsschwerpunkte

- Prävention
- Zusammenhang von Drogen und psychischen Störungen erfassen und typische Drogenkarrieren kennenlernen
- Konsequenzen von Handlungen erkennen

Zu den Kopiervorlagen

KV Seite 26

Prävention

Zur Suchtprävention gehört es, Kinder und Jugendliche stark zu machen. Zu den vorgegebenen Richtlinien überlegen sich die Schüler konkrete Hilfen von Erwachsenen. Das können die eigenen Eltern, aber auch Lehrer, Trainer im Verein oder andere Menschen aus dem Umfeld der Jugendlichen sein.

Die Kopiervorlage lässt sich gut in Kleingruppen von drei bis fünf Schülern erarbeiten. Im Gruppengespräch schildern die Schüler zu den einzelnen Richtlinien evtl. eigene Erfahrungen. Aus der Sammlung der Beispiele formulieren sie konkrete Maßnahmen. Die Kleingruppen vergleichen ihre Ergebnisse im Anschluss miteinander, ergänzen oder modifizieren sie.

Mögliche Lösung

Aufgabe 1:

1. Kinder um ihrer selbst willen lieben; Angenommensein in der Familie; guter Kontakt zu den Eltern, auch/besonders nach einer Trennung/Scheidung
2. Mut zusprechen bei Ängsten und Unsicherheiten; Lob für Leistungen; Trost bei Fehlern und belastenden Erlebnissen; Möglichkeiten, eigene Erfahrungen zu machen und eigene Stärken zu erfahren
3. Ein eigenes Zimmer, um sich zurückziehen zu können; klare Regelungen und Absprachen, die von den Eltern eingehalten werden
4. Erwachsene, die nach den aufgestellten Regeln leben und gleichzeitig erkennen lassen, dass das Leben sinnerfüllt sein und Freude bereiten kann
5. Regelmäßige, frisch zubereitete Mahlzeiten; Sport und Bewegung in Schule und Freizeit

6. Ermöglichung und Unterstützung des Kontakts zu Gleichaltrigen mit ähnlichen Interessen
7. Gute, dem Kind entsprechende Schulausbildung; Möglichkeit, den eigenen Interessen nachzugehen und verschiedene Erfahrungen zu sammeln; Freiheit der eigenen Berufswahl

Aufgabe 3:
Theo: fühlt sich von seinen Eltern unverstanden, weil er die Metzgerei nicht übernehmen will; ihm fehlt ein sinnvolles Lebensziel
Ricco: ihm fehlen Anerkennung und Bestätigung durch andere, Beständigkeit in der Familie, Bewegung und ein Freundeskreis
Lissi: in der Familie scheint sie weder Sicherheit noch Rückhalt oder Beständigkeit zu erfahren

Fixiert und eingeschlossen
Die Schüler setzen sich anhand der Kopiervorlage intensiv mit Riccos Erfahrungen in der geschlossenen Abteilung auseinander. Sie rekapitulieren die Einlieferung des Jungen sowie seinen Aufenthalt dort und untersuchen seine Gefühle.

Mögliche Lösung
Aufgabe 1:
1. Aufnahme:
a) Ricco wird in Handschellen mit dem Notarztwagen in die Psychiatrie gebracht. Er wird von der Polizei und vom Pfleger über die Tat befragt. Gürtel und Kugelschreiber muss er abgeben. Die Nacht verbringt er auf das Bett fixiert. Man hat ihm ein Beruhigungsmittel gegeben.
b) Ricco fühlt sich vermutlich verunsichert, weil er einige Handlungen nicht versteht und man ihm nicht alles erklärt. Er sorgt sich um seinen Bruder, über dessen Zustand er keine Auskunft erhält.
2. Erstuntersuchung:
a) Sein Urin wird untersucht, um Alkohol- und Drogenkonsum festzustellen. Dr. Martin führt mit ihm ein Gespräch über seine Tat.
b) Die wiederholte Schilderung des Geschehens ist Ricco unangenehm und löst in ihm Selbsthass aus („Ich bin ein Schwein."), weil er dabei seine Tat wieder vor Augen hat.
3. Räumlichkeiten:
a) Auf der Geschlossenen sind alle Fenster vergittert. Ricco teilt sein Zimmer mit Karl-Heinz. Es gibt einen Aufenthaltsraum, in dem man rauchen darf und der Fernseher ohne Ton läuft.
b) Ricco fühlt sich vermutlich eingesperrt; deshalb fragt er Dr. Martin, wann er wieder rauskommt. Er hat Angst, dass er die Abschlussprüfungen nicht mehr ablegen kann. Er befürchtet, dass er ins Gefängnis muss.
4. Suizidgefahr:
a) Alle Fenster sind vergittert, die Patienten auf dem Bett fixiert. Sie müssen gefährliche Gegenstände wie Gürtel und Kugelschreiber abgeben. Zum Essen werden weder Messer noch Gabel verwendet. Das Geschirr muss aus Plastik sein. Die Löffel werden nach der Benutzung weggeschlossen.
b) Ricco fühlt sich wegen der Sicherheitsvorkehrungen vermutlich verunsichert.
5. Sucht:
a) Von Karl-Heinz bzw. Rolf erfährt Ricco, was eine Drogenpsychose ist, von Peter Heil, dass er unmerklich alkoholabhängig wurde und die Abhängigkeit erst bemerkte, als es zu spät war.
b) Ricco fühlt sich vom psychotischen Karl-Heinz abgestoßen, interessiert sich für Peter Heils Problem und die Gründe für dessen Absturz, hört betroffen zu. Ricco fühlt sich selbst nicht abhängig, sieht aber ein, dass der Konsum von Alkohol und Valium zu seiner Tat geführt hat.
6. Mutter:
a) Das Telefonat fällt Mutter und Sohn sehr schwer. Während Marga Früh nicht genau weiß, was sie sagen soll, und schnell in Tränen ausbricht, verheimlicht ihr Ricco teilweise seine Gefühle und Gedanken, um seine Mutter nicht noch mehr zu belasten.
b) Ricco bangt um die Zuneigung seiner Mutter und ist vielleicht immer noch eifersüchtig auf Pedro. Er fühlt sich zunehmend schuldig, spürt aber auch, dass seine Mutter und Pedro möglicherweise mitverantwortlich für seine Probleme und die Eskalation sind. Das verschweigt er allerdings.

Aufgabe 2:
Ricco erlebt das Eingesperrtsein mit Erwachsenen, die an ihren Problemen gescheitert sind und teilweise schwere Psychosen haben, als abschreckend. Er fürchtet, dass er sich durch seine Tat seine Zukunft verbaut haben könnte (Strafvollzug). Er leidet darunter, dass er seinen Bruder lebensbedrohlich verletzt und damit auch seine Mutter enttäuscht hat.

Bericht der Drogenfahndung
Mit dieser Kopiervorlage fördern Sie die Lesekompetenz Ihrer Schüler. Durch die inhaltlich und chronologisch fehlerhafte Zusammenfassung der Hausdurchsuchung müssen sie das 16. Kapitel konzentriert lesen und zunächst auch anscheinend weniger bedeutsame Details berücksichtigen. In Aufgabe 1 markieren und verbessern die Schüler inhaltliche Fehler und bringen die ungeordneten Abschnitte in die korrekte Reihenfolge.

Hinweis zum 16. Kapitel: Der Besitz von Ecstasy ist zwar laut BtMG strafbar, aber unter der Voraussetzung einer „geringen Menge“ und des „Eigenverbrauchs“ können Staatsanwaltschaften und Gerichte ein Auge zudrücken. Dies gilt aber nur für sogenannte Ersttäter. Theos Pillenvorrat muss so groß gewesen sein, dass er befürchten musste, sein Drogenhandel werde auffliegen. Und Drogenhandel ist ein Verbrechen.

Lösung

Aufgabe 1:

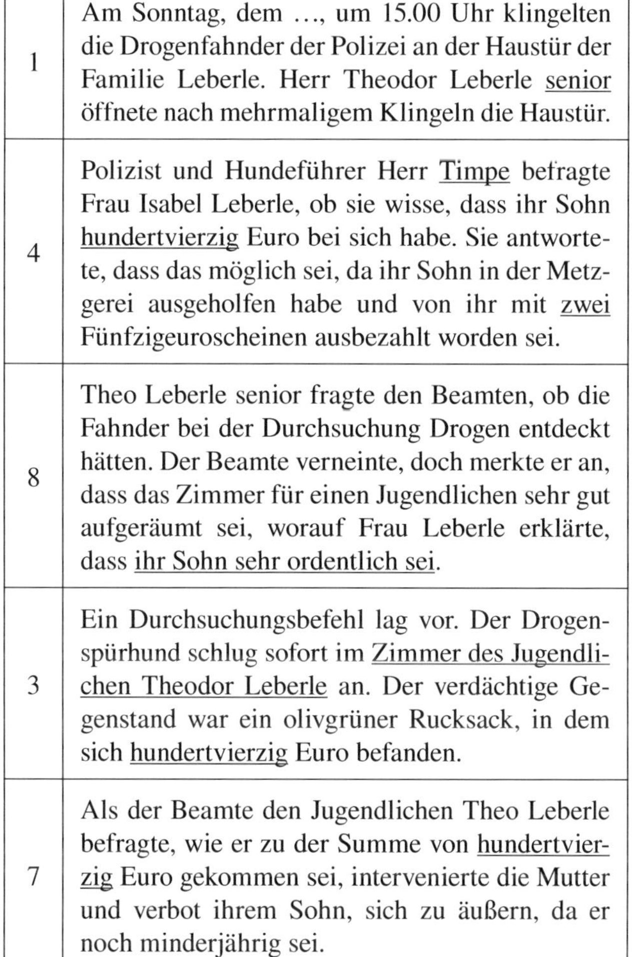

1	Am Sonntag, dem …, um 15.00 Uhr klingelten die Drogenfahnder der Polizei an der Haustür der Familie Leberle. Herr Theodor Leberle senior öffnete nach mehrmaligem Klingeln die Haustür.
4	Polizist und Hundeführer Herr Timpe befragte Frau Isabel Leberle, ob sie wisse, dass ihr Sohn hundertvierzig Euro bei sich habe. Sie antwortete, dass das möglich sei, da ihr Sohn in der Metzgerei ausgeholfen habe und von ihr mit zwei Fünfzigeuroscheinen ausbezahlt worden sei.
8	Theo Leberle senior fragte den Beamten, ob die Fahnder bei der Durchsuchung Drogen entdeckt hätten. Der Beamte verneinte, doch merkte er an, dass das Zimmer für einen Jugendlichen sehr gut aufgeräumt sei, worauf Frau Leberle erklärte, dass ihr Sohn sehr ordentlich sei.
3	Ein Durchsuchungsbefehl lag vor. Der Drogenspürhund schlug sofort im Zimmer des Jugendlichen Theodor Leberle an. Der verdächtige Gegenstand war ein olivgrüner Rucksack, in dem sich hundertvierzig Euro befanden.
7	Als der Beamte den Jugendlichen Theo Leberle befragte, wie er zu der Summe von hundertvierzig Euro gekommen sei, intervenierte die Mutter und verbot ihrem Sohn, sich zu äußern, da er noch minderjährig sei.
5	Dafür habe sie auch einen Nachweis im Rechnungsbuch. Der Beamte Timpe äußerte den Eltern gegenüber, dass der Jugendliche hundertvierzig Euro im Rucksack habe, was erstaunlich viel sei für einen Jugendlichen, der das Wochenende in einer Diskothek verbracht hat.
6	In dem Rucksack befanden sich außerdem zwei leere Wodka-Orange-Flaschen. Der Vater des Jugendlichen räumte ein, dass die Jugendlichen heutzutage zu viel Alkohol konsumieren.
2	Vier Polizisten der Drogenfahndung forderten den Hausherrn auf, ihnen und dem Drogenspürhund wegen des Verdachts des Drogenmissbrauchs und -handels Einlass zu gewähren.

Gesprächs- und Schreibanlässe

Zeitungsinterview

Ein Journalist der Lokalnachrichten hat von dem tätlichen Angriff Riccos auf seinen Bruder erfahren. Er befragt Ricco über die Hintergründe und Begleitumstände der Tat und möchte wissen, mit welchen Konsequenzen aus dieser Straftat er für seine Zukunft rechnet. Verfasse dieses Interview.

„Du bist nicht mehr wie früher“

Vielleicht habt ihr diesen Satz von euren Eltern auch schon einmal gehört. Die Jugend ist von tiefgreifenden Veränderungen geprägt. Sie gehören zum Leben und müssen nicht unbedingt negativ sein. Notiert für euch, welche positiven und welche negativen Veränderungen ihr an euch wahrnehmt.

„Mir kann keiner helfen“

Theo lehnt das Hilfs- oder Gesprächsangebot seiner Mutter ab. Welchen Tipp würdet ihr Theo und seinen Eltern geben, wie sie mit der verfahrenen Situation umgehen können?

Kreativ aktiv

Jugendgewalt

Ricco ist nach der Messerattacke auf seinen Bruder unter Drogeneinfluss in die psychiatrische Abteilung eingeliefert worden.

Diskutiert, ob bzw. welchen Einfluss Darstellungen von Drogenmissbrauch und Gewalt in Fernsehserien oder Daily Soaps, Fernseh- und Kinofilmen unter 16 Jahren, Musikvideos und Computerspielen auf das Verhalten Jugendlicher haben können.

Prävention

Die folgenden Richtlinien können dazu beitragen, dass Jugendliche nicht in die Spirale von Sucht und Abhängigkeit geraten.

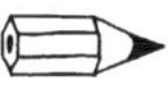

Wie können Erwachsene eurer Meinung nach bei der Umsetzung helfen? Bildet Gruppen von drei bis fünf Schülern und schreibt konkrete Vorschläge auf ein Blatt.

1. Kinder und Jugendliche brauchen Sicherheit und Rückhalt.
2. Kinder und Jugendliche brauchen Verständnis, Anerkennung und Bestätigung.
3. Kinder und Jugendliche brauchen Freiraum und Beständigkeit.
4. Kinder und Jugendliche brauchen realistische, echte Vorbilder.
5. Kinder und Jugendliche brauchen gesunde Ernährung und Bewegung.
6. Kinder und Jugendliche brauchen Freunde und eine unterstützende Gemeinschaft.
7. Kinder und Jugendliche brauchen Träume und Lebensziele.

Vergleicht und diskutiert eure Vorschläge mit denen anderer Gruppen. Ergänzt eure Liste um Beiträge anderer Gruppenmitglieder.

Wo seht ihr Defizite in der Umsetzung der obigen Richtlinien im Leben von Theo, Ricco und Lissi?

Theo: ____________________

____

Ricco: ____________________

____

Lissi: ____________________

____

Lest mit eurer Gruppe den folgenden Erziehungstipp.
Worin stimmt ihr ihm zu, wo seid ihr anderer Meinung?

„Ich habe meinen 15-jährigen Sohn beim Rauchen und Trinken von Alkohol erwischt!" – Mit anklagenden Worten bringen Sie als Eltern Ihr Kind selten zur Vernunft. Ein ruhiges Gespräch zu suchen ist besser, als auf Ihren Sohn einzuschimpfen. Hören Sie genau hin, wenn er spricht. Versuchen Sie herauszufinden, warum er raucht oder (viel, hochprozentigen) Alkohol trinkt. Fragen Sie nach, ob sich Ihr Kind über die gesundheitlichen Gefahren des Drogenkonsums und die Gefahr der Suchtentwicklung bewusst ist. Über eigene Schwächen zu berichten ist mitunter gut für die Beziehung zum Kind. Schildern Sie z. B., wie schwierig es für Sie selbst war, mit dem Rauchen aufzuhören oder maßvoll Alkohol zu trinken. Hier kommt Ihre elterliche Vorbildfunktion zum Tragen. Sind Sie als Erwachsener selbst Raucher oder trinken Sie selbst Alkohol, haben Sie die schlechteren Argumente.

Fixiert und eingeschlossen

Im 14., 15. und 17. Kapitel wird über Riccos Einlieferung und seinen Aufenthalt in der geschlossenen Abteilung berichtet. Was erlebt und fühlt er dabei?

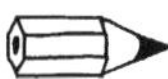

Beantworte die folgenden Fragen in deinem Heft.

1. Aufnahme:
a) Wie geht Riccos Einlieferung vonstatten?
Was muss er abgeben?
Wie verbringt er die erste Nacht?
b) Welche Gefühle hat er dabei vermutlich?

2. Erstuntersuchung:
a) Wie verläuft die Erstuntersuchung?
b) Wie fühlt Ricco sich wohl dabei?

3. Räumlichkeiten:
a) Was erfährst du über die Räumlichkeiten auf der Geschlossenen?
b) Welchen Eindruck machen sie vermutlich auf Ricco? Welche Ängste wecken sie?

4. Suizidgefahr:
a) Welche Maßnahmen sollen Patienten wie Ricco gegen Suizid schützen?
b) Wie erlebt Ricco diese Maßnahmen?

5. Sucht:
a) Was erfährt Ricco von seinen Mitpatienten über Sucht?
b) Wie wirken diese Suchtkarrieren auf Ricco?
Wie sieht Ricco seinen eigenen Umgang mit Suchtmitteln?

6. Mutter:
a) Wie verläuft das erste Gespräch mit seiner Mutter nach der Tat?
b) Wie fühlt sich Ricco dabei?

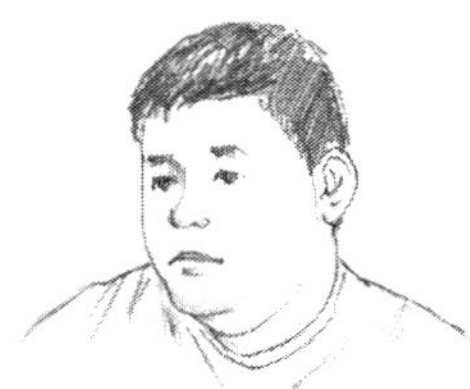

Schreibe auf, was deine Ergebnisse aus Aufgabe 1 für Riccos Heilungschancen bedeuten. Welche anderen Erfahrungen bringen ihn vermutlich außerdem zum Nachdenken über seinen Konsum von Substanzmitteln?

Bericht der Drogenfahndung

Über die Hausdurchsuchung bei Familie Leberle im 16. Kapitel wurde ein Bericht verfasst. Einige Informationen sind jedoch inhaltlich falsch und in der falschen Reihenfolge angeordnet.

 Markiere alle Fehler, nummeriere richtig und schreibe den Text korrekt auf ein Blatt.

Bericht zur Hausdurchsuchung in der Privatwohnung der Familie Leberle

1	Am Sonntag, dem ..., um 15.00 Uhr klingelten die Drogenfahnder der Polizei an der Haustür der Familie Leberle. Herr Theodor Leberle junior öffnete nach mehrmaligem Klingeln die Haustür.
	Polizist und Hundeführer Herr Huber befragte Frau Isabel Leberle, ob sie wisse, dass ihr Sohn vierhundert Euro bei sich habe. Sie antwortete, dass das möglich sei, da ihr Sohn in der Metzgerei ausgeholfen habe und von ihr mit einigen Fünfzigeuroscheinen ausbezahlt worden sei.
	Theo Leberle senior fragte den Beamten, ob die Fahnder bei der Durchsuchung Drogen entdeckt hätten. Der Beamte verneinte, doch merkte er an, dass das Zimmer für einen Jugendlichen sehr gut aufgeräumt sei, worauf Frau Leberle erklärte, dass das Zimmer erst renoviert worden sei.
	Ein Durchsuchungsbefehl lag vor. Der Drogenspürhund schlug sofort im Wohnzimmer der Familie Leberle an. Der verdächtige Gegenstand war ein olivgrüner Rucksack, in dem sich vierhundert Euro befanden.
	Als der Beamte den Jugendlichen Theo Leberle befragte, wie er zu der Summe von vierhundert Euro gekommen sei, intervenierte die Mutter und verbot ihrem Sohn, sich zu äußern, da er noch minderjährig sei.
	Dafür habe sie auch einen Nachweis im Rechnungsbuch. Der Beamte Timpe äußerte den Eltern gegenüber, dass der Jugendliche vierhundert Euro im Rucksack habe, was erstaunlich viel sei für einen Jugendlichen, der das Wochenende bei einem Open-Air-Konzert verbracht hat.
	In dem Rucksack befanden sich außerdem zwei leere Wodka-Orange-Flaschen. Der Vater des Jugendlichen räumte ein, dass er dem Jugendlichen den Alkohol spendiert habe.
	Vier Polizisten der Drogenfahndung forderten den Hausherrn auf, ihnen und dem Drogenspürhund wegen des Verdachts des Drogenmissbrauchs und -handels Einlass zu gewähren.

Wie beurteilt ihr das Verhalten der Eltern bei der Hausdurchsuchung? Versucht in einem spontanen Rollenspiel die darauffolgende Situation darzustellen: Wie nimmt Theo die Durchsuchung auf? Welche Vorwürfe könnten die Eltern Theo nach der Durchsuchung machen? Wie könnte Theo auf diese Vorwürfe reagieren?

20. bis 29. Kapitel: Im Hamsterrad

Inhalt

(20) Zwei Wochen nach dem Feuerwehrfest wird Theo von seinen Eltern auf ein Internat in der Schweiz geschickt, das sein Patenonkel Ignaz leitet. Dort soll Theo Ordnung lernen und seinen Schulabschluss nachholen. Theo ist froh, dass er sich nicht mehr mit seinem Dealer Wassili auseinandersetzen muss. Sein Vater begleitet ihn aber nicht ins Büro des Onkels, sondern verabschiedet sich schnell. Theo fühlt sich allein gelassen.

(21) Onkel Ignaz macht Theo sofort klar, dass er hier nicht als sein Onkel, sondern als Schulleiter anzusprechen ist. Theo zeigt seine Zeugnisse und erklärt seine schlechte Zensur im Sozialverhalten mit seiner Vergesslichkeit, deren Ursprung der Onkel im Alkohol- und Drogenkonsum vermutet. Da Luginsbühl eine gesundheitsfördernde Schule ist, verlangt Ignaz von Theo, sich an die dort geltenden Regeln zu halten: Er ist verpflichtet, einmal im Schuljahr eine Pflanze zu retten und weder Alkohol noch Drogen zu konsumieren. Rauchen darf Theo hier nur in bestimmten Bereichen.

(22) Auf der Offenen nimmt Ricco wöchentlich an der Sitzung der Suchtgruppe teil. Dort erzählt Lissi, dass sie polytox und zum achten Mal rückfällig ist, woran diesmal offenbar vom Arzt verordnete Schmerzmittel schuld sind. Außerdem ritzt sie sich. Dr. Jebsen erklärt, dass Drogenreste längere Zeit nach der Einnahme im Fettgewebe des Körpers eingelagert bleiben, auch wenn sie in Blut und Urin nicht mehr nachweisbar sind. Ricco hört interessiert zu, weil er in den Sitzungen viel lernt.

(23) Auch am zweiten Tag im Internat fühlt Theo sich unwohl: Beinahe überall scheinen Verbots- und Gebotsschilder angebracht zu sein. Sein Zimmergenosse Felix nervt ihn mit seiner Ordentlichkeit. Er wird mit Alice, einer attraktiven Neunzehnjährigen, bekannt gemacht. Sie erklärt, dass sie die Gruppenälteste und daher Theos erste Anlaufstelle bei Problemen ist.

(24) Auf der Station bettelt Lissi Ricco um Geld an und setzt Zärtlichkeiten ein. Ricco widersteht, weil er von seinem restlichen Geld ein Geschenk für Pedro, den er mit Pfarrer Wissle besuchen will, kaufen möchte. Der Pfarrer bestätigt seinen Verdacht, dass Lissi sich auch im Krankenhaus Drogen beschaffen kann. Ricco hat Angst, dass Pedro wütend auf ihn ist. Doch Pedro zeigt sich versöhnlich und vergibt Ricco. Er macht sich Sorgen um den Bruder und gibt Lissi die Schuld für den Angriff. Dann lässt er Ricco beim Leben ihrer Mutter schwören, dass er nie wieder Drogen anrührt, und versichert ihm, dass er nicht gegen ihn aussagen wird, sollte es zu einem Ermittlungsverfahren kommen.

(25) Ignaz Leberle schlägt Theo vor, sich der Gesundheitsgruppe für Schüler mit „gewissen gesundheitlichen Problemen“ anzuschließen. Außerdem soll er einen anonymen Fragebogen für die Gruppe der AA ausfüllen. Unvermittelt fragt Theo ihn, warum er als älterer der Brüder nicht die Metzgerei übernommen hat, sondern sein Vater. Ignaz erklärt, er habe sich im Gegensatz zu diesem nicht dafür interessiert. Theo beklagt, dass er als Einzelkind den Traditionsbetrieb übernehmen muss, um seine Eltern nicht zu enttäuschen. Sein Onkel zeigt ihm eine Alternative auf, die für beide Seiten erträglich sein könnte: die Metzgerei in ein vegetarisches Restaurant verwandeln. Theo erscheint das als Lösung zu einfach.

(26) Bei der nächsten Sitzung der Suchtgruppe erklärt Dr. Jebsen den Kreislauf der Sucht. Lissi fehlt. Die Anwesenden berichten, welches Problem am Anfang ihrer Sucht stand. So berichtet Peter Heil vom Tod seiner Frau, Ricco von seinen Minderwertigkeitsgefühlen, Margot von ihrer Arbeitslosigkeit. Dr. Jebsen führt aus, welche Hilfsmöglichkeiten und Anlaufstellen es für Süchtige gibt und wie wichtig es ist, sich von den Freunden oder Örtlichkeiten fernzuhalten, die das Suchtverhalten begünstigt haben. Plötzlich hört Ricco Lissi auf dem Gang schreien.

(27) Im Internat lässt Beat Weder die Schüler den Kreislauf der Sucht sukzessive „herunterbeten“. Theo macht die Thematik unruhig, er hat das dringende Bedürfnis zu rauchen und stört den Vortrag durch unsachliche Bemerkungen. Als Alice Beat Weder anlächelt, wird Theo wütend und schreibt ihr einen Zettel. Diesen Zettel fängt der Lehrer ab und liest ihn laut vor.

(28) Ricco hält auf dem Gang beunruhigt Ausschau nach Lissi. Er fragt den Pfleger nach ihr, doch der verweigert eine Auskunft und rät Ricco, Lissi zu vergessen, weil ihr nicht mehr zu helfen sei. Schließlich verrät er, dass Lissi wieder rückfällig geworden ist. Sie sei nur „Zeitverschwendung“ und liebe nicht Ricco, sondern nur ihre Drogen.

(29) Theo will Bier ins Internat schmuggeln. Da begegnet ihm sein Onkel, der ihn in ein Gespräch verwickelt. Theo versucht den Onkel abzulenken, indem er ihm seinen Ärger darüber verrät,

dass man ihn für die Kochgruppe angemeldet hat. Er vermutet dahinter seine Eltern. Ignaz erklärt ihm, dass man sich für gesundes Essen genau wie für sein Leben Zeit nehmen muss. Der Onkel sieht vermutlich das Bier in Theos Korb, spricht ihn aber nicht darauf an, sondern bietet ihm nur an, sich bei Problemen an ihn zu wenden.

Unterrichtsschwerpunkte

- Gründe für Drogenkonsum, Kreislauf der Sucht
- Zusammenhang von Drogenkonsum und körperlichen wie sozialen Veränderungen
- Einfluss von Sucht auf Beziehungen und Freundschaften

Zu den Kopiervorlagen

Internatsleben, Regeln, Versprechen

Theo wurde von seinen Eltern ins Internat geschickt, ohne dass er gefragt wurde. Die Schüler untersuchen zunächst die Gründe der Eltern für diesen Schritt, danach Theos Reaktionen auf das neue Umfeld. In dem dritten Arbeitsauftrag notieren die Schüler stichpunktartig, was sich Theo und Ricco am Telefon über ihre neue Situation erzählen könnten. Ihre Notizen können sie für ein szenisches Spiel verwenden.

In den Dialog können Sie diese Fragen einbringen: Glauben die beiden, dass sie im Internat bzw. auf der psychiatrischen Abteilung ihre Probleme in den Griff bekommen und ihren Schulabschluss nachholen werden? Wie empfinden beide die strengen Regeln der Institutionen?

Mögliche Lösung

Aufgabe 1:

Theos Eltern fühlen sich mit Theo überfordert, fürchten evtl. auch um ihren guten Ruf und wollen nicht wieder mit der Polizei bzw. Drogenfahndung zu tun bekommen. Sie hoffen, dass Ignaz als Pate und Pädagoge den Sohn wieder auf die „richtige Bahn" bringt, dass Theo Disziplin und Ordnung lernt, von den Drogen loskommt und im neuen Umfeld mit neuen Freunden seinen Abschluss schafft.

Aufgabe 2:

Theo fühlt sich …

… verlassen, weil ihn sein Vater nicht in das Büro des Onkels begleitet und weil ihn sein Onkel in der Cafeteria stehen lässt.

… verunsichert, weil sein Onkel seine Zeugnisse sehen will und ihn auf seine Vergesslichkeit anspricht, die er ihm mit Drogenkonsum erklärt.

… besorgt, weil er nicht weiß, ob ihn der Onkel wegen der schlechten Zeugnisse aufnimmt.

… ratlos, weil er nicht versteht, warum er eine Pflanze retten und wie er das anstellen soll.

Aufgabe 3:

Theo: ein Haus voller Regeln, Rauchervertrag, Alkohol- und Drogenverbot, jederzeit unangekündigte Urinproben und Drogentests, einmal im Jahr eine Pflanze retten und pflegen, vieles wirkt befremdlich

Ricco: erste Nacht auf dem Bett fixiert, Therapiemaßnahmen, seltsame süchtige und psychotische Mitpatienten, Freude über Lissis Anwesenheit, Alltag im Krankenhaus (z. B. Küchendienst), vieles wirkt befremdlich

Der Kreislauf der Sucht

Die Schüler erarbeiten sich den Suchtkreislauf anhand der Informationen aus dem 26. und 27. Kapitel des Romans und festigen so ihr Wissen zu den einzelnen Phasen des Kreislaufs. Im dritten Arbeitsauftrag übertragen sie diese Erkenntnisse auf Theos aktuelle Verfassung.

Lösung

Aufgabe 1:

Phase 4: Verheimlichung des Konsums. Der Betroffene fühlt sich schuldig, fängt an zu lügen und zu stehlen, um den Drogenkonsum zu finanzieren. Verlust der Freunde, der sozialen Kontakte.

Phase 7: Persönlichkeit des Betroffenen verändert sich. Der Süchtige wird unzuverlässig, zieht sich zurück, leidet unter Stimmungsschwankungen. Soziale Isolation und Verwahrlosung.

Phase 3: Erhöhung der Dosis. Der Betroffene verliert die Kontrolle über den Konsum.

Phase 1: Am Anfang steht ein Problem. Die Droge lässt das Problem scheinbar verschwinden.

Phase 8: Gehirn des Süchtigen verlangt nach immer mehr Stoff. Drogen- oder Alkohol-Metaboliten übersättigen das Körpergewebe. Beim Versuch aufzuhören wird der Süchtige immer wieder rückfällig.

Phase 6: Geistige und körperliche Veränderung des Betroffenen. Depressionen, Wahnvorstellungen und Stimmungsschwankungen.

Phase 5: Der Betroffene denkt ununterbrochen an Drogen, der Alltag besteht nur noch aus Beschaffung und Konsum. Stadium der Abhängigkeit.

Phase 2: Nach ein paar Wochen des Drogenkonsums greift der Betroffene zu Beruhigungsmitteln gegen Panikanfälle.

Aufgabe 2:
Medikamente nur kurze Zeit einnehmen und unter ärztlicher Aufsicht, Therapiemaßnahmen, Selbsthilfegruppen, z. B. Anonyme Alkoholiker, Narcotics Anonymous, Veränderung des sozialen Umfelds, Kontaktabbruch zu drogenabhängigen Freunden und Bekannten
Tipps für Ricco: mehr Sport, Diät, andere Freunde
Tipps für Theo: Kontaktaufnahme zu Drogenberatungsstelle

Aufgabe 3:
Stimmungsschwankungen, häufige Gedanken an die Substanzen, Bild erinnert an seine Isolation → Theo befindet sich in Phase 5 oder 6.

Suchtkarrieren

Die Schüler untersuchen verschiedene Faktoren, die Suchtverhalten begünstigen, indem sie auf das Umfeld und die Persönlichkeit einiger Figuren aus dem Roman eingehen. Sie können auch ihre Notizen nutzen, die sie für die Arbeitsblätter „Theo und Ricco“ sowie „Die Personen“ gemacht haben.

Die Schüler sollen erkennen, dass Drogenkonsum nicht geeignet ist, Probleme und Krisen zu lösen, denn der Gebrauch von Substanzen als Bewältigungsversuch bringt nur kurzfristig Entlastung und Betäubung, längerfristig aber lähmt er die Lösungskompetenz des Betroffenen und führt zu sozialem Abstieg.

Hinweis: Nicht bei jeder Figur sind zu allen Bereichen detaillierte Angaben zu finden. Weisen Sie die Schüler darauf hin.

Mögliche Lösung
Aufgabe 2:
Peter Heil
Persönlichkeit: Schicksalsschlag begünstigt die Hoffnung, mittels Alkohol Trauer und Einsamkeit zu vergessen
Familie: verwitwet
Freunde: unbekannt
Erreichbarkeit von Drogen: leicht, nicht besonders kostspielig, legale Droge

Marga Früh
Persönlichkeit: viel Arbeit, wenig Geld, Sorgen um depressiven Sohn, sucht Beruhigung im Schlafmittel, flüchtet vor ihrem Leben in Schlaf
Familie: alleinerziehend, geschieden, zwei Söhne, einer davon bereits selbstständig
Freunde: unbekannt, vermutlich keine Zeit für Feunde
Erreichbarkeit von Drogen: leicht, vom Arzt verschrieben, 20 Stück für ca. 15 €

Lissi
Persönlichkeit: vermutlich unsicher aufgrund schulischen Misserfolgs und Trennung der Eltern
Familie: brutaler Stiefvater
Freunde: Freundinnen, mit denen sie Disco besucht und evtl. auch Drogen konsumiert; Männer benutzt sie; Ricco
Erreichbarkeit von Drogen: Dealer in der Disco, vom Arzt verschrieben, teuer

Ricco
Persönlichkeit: depressiv, unsicher, beeinflussbar, Sehnsucht nach Liebe und Anerkennung
Familie: alleinerziehende und überforderte Mutter, die wenig Zeit hat, Druck durch den Bruder, der meist abwesend ist
Freunde: nur Theo, der ihn zu Drogenkonsum verleitet; Lissi
Erreichbarkeit von Drogen: einfach (sowohl legale als illegale Drogen), günstig

Theo
Persönlichkeit: rebellisch, skrupellos, lässt sich treiben
Familie: zu wenig Kommunikation zwischen ihm und seinen Eltern, Erwartungsdruck
Freunde: er ist beliebt, Ricco, (Alice)
Erreichbarkeit von Drogen: einfach (sowohl legale als illegale Drogen), günstig

Genuss – Missbrauch – Zerstörung

Beunruhigt beobachten Eltern, Lehrer und andere Erwachsene immer wieder die Veränderung, die Jugendliche in der Adoleszenz durchleben. Ein anderes Schlafbedürfnis, starke Stimmungsschwankungen, veränderte Durst- und Hungergefühle, Probleme in der Kommunikation mit den Eltern u. Ä. treten bei zahlreichen Heranwachsenden auf, auch wenn sie keine Drogen konsumieren. Außerdem werden Drogen meist im Schutz einer Gruppe Gleichaltriger konsumiert. Daher ist es oft schwierig, die ersten Merkmale für den Missbrauch legaler oder illegaler Substanzen zu erkennen. Im Roman werden Veränderungen des Verhaltens und Aussehens der vier Jugendlichen immer wieder angerissen. Für die erste Aufgabe ist gute Textkenntnis erforderlich.

Mögliche Lösung

Aufgabe 1:

Veränderungen	Theo	Ricco	Lissi	Alice
Wechsel des Freundeskreises		×		
Erhöhter Schlafbedarf tagsüber	×	×	×	
Nachts häufig außer Haus	×	×	×	
Ungesundes Aussehen, häufige Erkrankungen	×		×	
Leistungsabfall in der Schule, Abbruch der Schule	×		×	×
Wesensveränderungen, Stimmungsschwankungen	×	×	×	×
Erhöhter Geldbedarf ohne sichtliche Anschaffungen	×		×	
Belügen und Bestehlen anderer, Geheimnisse	×	×	×	×

Aufgabe 3:

	S	ehnsucht nach Anerkennung
d	**U**	rch falsche Freunde verführt
s	**C**	höner Schein und böses Erwachen
dic	**H**	aus den Augen verloren
	T	odesgefahr

	A	lles
	B	egann
ganz	**H**	armlos.
Erst allm	**Ä**	lich
u	**N**	d ohne es bewusst wahrzunehmen,
stei	**G**	erte
	I	ch meinen
Dro	**G**	enkonsum.

Gesprächs- und Schreibanlässe

Nichts als Regeln

Theos Leben im Internat ist durch zahlreiche Gebote und Verbote geregelt. Schreibe diese am Computer als Tabelle auf und ergänze handschriftlich daneben, wie Theo die einzelnen Gebote wohl empfindet. Wie wirken diese Regeln auf dich?

Regeln	Wie steht Theo dazu?	Was meine ich dazu?
…	…	…

Doch keine Konsequenzen?

Ignaz Leberle hat das Bier in Theos Korb bemerkt, spricht ihn aber nicht darauf an, sondern lädt ihn nur dazu ein, ihn bei Problemen aufzusuchen. Warum verhält er sich so? Wie bewertet ihr dieses Verhalten?

Liebe und Verantwortung

Ricco wehrt sich trotz seiner Gefühle für Lissi gegen ihre wiederholten Bitten um Geld. Wieso zeigt dieses Verhalten mehr emotionale Verantwortung, als ihr das Geld zu geben?

Zeit für dich

„Theo, man muss sich Zeit nehmen für das eigene Leben.“ (S. 119) Überlegt euch, wie ihr euren Tag einteilt und womit ihr eure Zeit verbringt. Habt ihr genug Zeit für euch selbst und nehmt ihr sie bewusst wahr? Was haltet ihr für Zeitverschwendung?

Internatsleben, Regeln, Versprechen

Theo wird von seinen Eltern nach Luginsbühl in der Schweiz geschickt, wo sein Patenonkel ein Internat leitet.

Welche Gründe könnten die Eltern zu dieser Entscheidung bewogen haben? Schreibe in dein Heft.

Wie fühlt sich Theo im 21. Kapitel, als er im Internat ankommt? Ergänze die folgenden Teilsätze.

Theo fühlt sich …

… verlassen, weil ______________________________

____

… verunsichert, weil ______________________________

____

… besorgt, weil ______________________________

… ratlos, weil ______________________________

Stell dir vor, Theo und Ricco telefonieren miteinander und Theo berichtet über seine ersten Eindrücke vom Internatsleben, Ricco vom Alltag auf der Geschlossenen. Notiere stichpunktartig, was sie einander erzählen könnten. Setzt das Gespräch szenisch um.

Theo

Ricco

Der Kreislauf der Sucht

Ricco und Theo werden im 26. und 27. Kapitel über den Suchtkreislauf aufgeklärt. Nummeriere die Phasen in der richtigen Reihenfolge.

Phase ____: Verheimlichung des Konsums. Der Betroffene fühlt sich schuldig, fängt an zu lügen und zu stehlen, um den Drogenkonsum zu finanzieren. Verlust der Freunde, der sozialen Kontakte.

Phase ____: Persönlichkeit des Betroffenen verändert sich. Der Süchtige wird unzuverlässig, zieht sich zurück, leidet unter Stimmungsschwankungen. Soziale Isolation und Verwahrlosung.

Phase ____: Erhöhung der Dosis. Der Betroffene verliert die Kontrolle über den Konsum.

Phase ____: Am Anfang steht ein Problem. Die Droge lässt das Problem scheinbar verschwinden.

Phase ____: Gehirn des Süchtigen verlangt nach immer mehr Stoff. Drogen- oder Alkohol-Metaboliten übersättigen das Körpergewebe. Beim Versuch aufzuhören wird der Süchtige immer wieder rückfällig.

Phase ____: Geistige und körperliche Veränderung des Betroffenen. Depressionen, Wahnvorstellungen und Stimmungsschwankungen.

Phase ____: Der Betroffene denkt ununterbrochen an Drogen, der Alltag besteht nur noch aus Beschaffung und Konsum. Stadium der Abhängigkeit.

Phase ____: Nach ein paar Wochen des Drogenkonsums greift der Betroffene zu Beruhigungsmitteln gegen Panikanfälle.

Welche Hilfsmaßnahmen gegen die Sucht werden im Roman angesprochen? Schreibe sie stichpunktartig auf. Ergänze eigene Tipps, die du den beiden Jungen geben würdest.

____

____

____

____

Tipps für Ricco: ______________________________

Tipps für Theo: ______________________________

Lies den Romanausschnitt und beantworte dann die Fragen: In welcher Phase befindet sich Theo? Welche Anzeichen werden in dem kurzen Ausschnitt deutlich? Schreibe in dein Heft.

> Theo wippt mit dem Stuhl auf und ab. Irgendetwas regt ihn auf und macht ihn wütend. Er muss eine rauchen, unbedingt. Am liebsten würde er aufspringen und den Raum verlassen.
>
> Weder zeichnet schon wieder. Diesmal eine zusammengekauerte Figur, die sich die Hände vor das Gesicht hält. Theo hat das dumme Gefühl, dass er diesmal ihn gezeichnet hat. (S. 113)

Suchtkarrieren

Lies die Texte zum Thema „Drogen und Sucht“. Markiere wichtige Textstellen farbig.

Drogen
Drogen sind Substanzen, die auf das zentrale Nervensystem einwirken und somit in die natürlichen körperlichen Vorgänge eingreifen. Dabei können Gefühle und Stimmungen sowie die Wahrnehmung von Sinneseindrücken beeinflusst werden. Unter Drogen versteht man alle Stoffe, die anregen oder beruhigen. Sie versetzen den Menschen zunächst in angenehme – aber auch unangenehme – Stimmungen und können ihn allmählich körperlich und/oder seelisch abhängig machen. Diese Definition gilt sowohl für legale als auch für illegale Drogen.

Die Weltgesundheitsorganisation (WHO) definiert jede Substanz als Droge, „die in einem lebenden Organismus Funktionen zu verändern vermag“. Mit diesem erweiterten Drogenbegriff bezieht die WHO neben Cannabis, Kokain, Opiaten, Halluzinogenen, Schmerzmitteln, Stimulanzien, Schlaf- und Beruhigungsmitteln auch Alltagsdrogen, wie z. B. Alkohol, Tabak, Kaffee und Tee, mit ein.

Sucht
Die WHO definiert Sucht als „einen Zustand periodischer oder chronischer Vergiftung“, der „durch den wiederholten Gebrauch einer natürlichen oder synthetischen Droge“ hervorgerufen wird.

Folgende Kriterien kennzeichnen Sucht: Der Süchtige empfindet ein „unbezwingbares Verlangen zur Einnahme und Beschaffung des Mittels“. Aufgrund von Gewöhnung tendiert er dazu, die Dosis zu erhöhen, um den gewünschten Effekt zu erreichen. Die Droge bewirkt eine psychische und meist auch physische Abhängigkeit, die letztlich zu einer Schädigung des Süchtigen führt.

Ricco erfährt im Krankenhaus, dass Jugendliche wie Erwachsene aufgrund bestimmter Einflüsse und persönlicher Anlagen in den Kreislauf der Sucht geraten können. Es gibt Faktoren, die eine „Drogen- oder Suchtkarriere“ wahrscheinlicher oder unwahrscheinlicher machen.

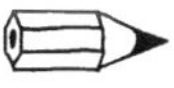

Erstelle anhand der vier Bereiche für jede Figur ein Suchtporträt in deinem Heft: Peter Heil, Marga Früh, Lissi, Theo und Ricco. Übertrage das Schaubild in dein Heft und notiere stichpunktartig, was dir zu den einzelnen Bereichen bedeutsam erscheint.

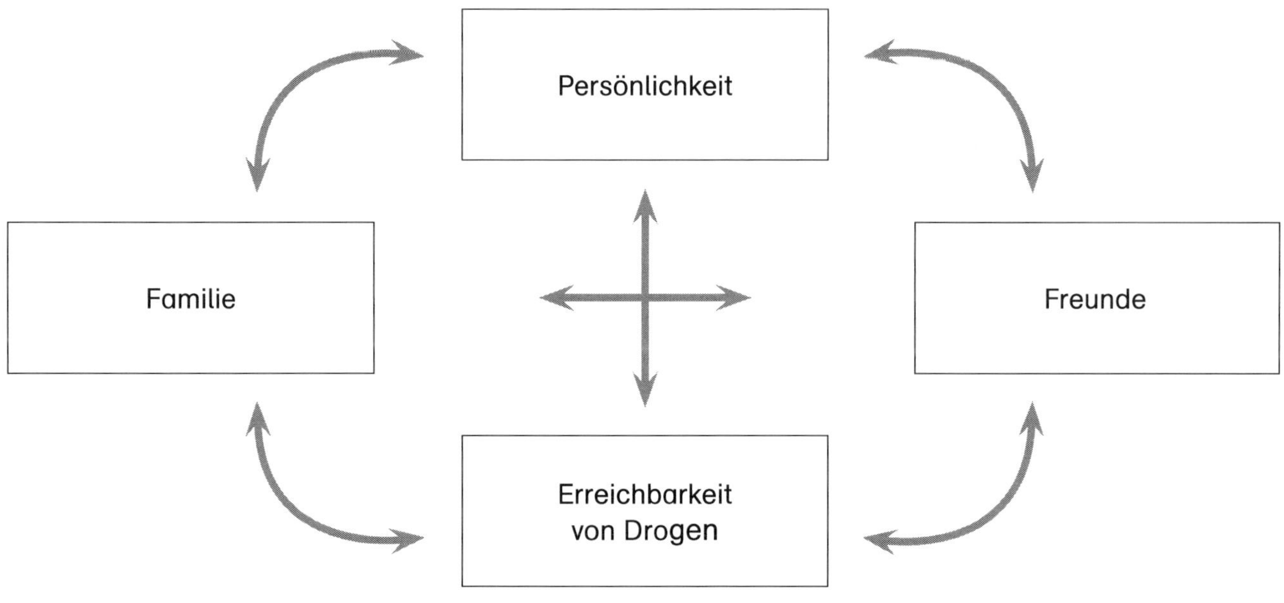

Genuss – Missbrauch – Zerstörung

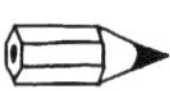 Durch Drogenkonsum verändern sich Menschen. Welche auffälligen Veränderungen treffen auf die Jugendlichen zu und sind im Roman beschrieben? Kreuze an.

Veränderungen	Theo	Ricco	Lissi	Alice
Wechsel des Freundeskreises				
Erhöhter Schlafbedarf tagsüber				
Nachts häufig außer Haus				
Ungesundes Aussehen, häufige Erkrankungen				
Leistungsabfall in der Schule, Abbruch der Schule				
Wesensveränderungen, Stimmungsschwankungen				
Erhöhter Geldbedarf ohne sichtbare Anschaffungen				
Belügen und Bestehlen anderer Menschen, Heimlichkeiten				

Baue die Buchstaben der Wörter „Sucht“ und „abhängig“ so in Begriffe und Sätze ein, dass der Kreislauf der Sucht verdeutlicht wird.

	S	
	U	
	C	
	H	
	T	

	A	
	B	
	H	
	Ä	
	N	
	G	
	I	
	G	

30. Kapitel bis Epilog: Genutzte und verspielte Chancen

Inhalt

(30) Verzweifelt versucht Ricco Lissi per Handy zu erreichen. Peter Heil vermutet, dass Lissi in eine psychosomatische Klinik auf dem Land eingewiesen wurde. Als Ricco bei Margot, Lissis ehemaliger Zimmergenossin, nachfragt, erfährt er, dass Lissi Margot bestohlen hat.

(31) Nach zwei Wochen im Internat weiß Theo, dass nicht nur von ihm, sondern auch von seinen Mitschülern die strengen Regeln und Selbstverpflichtungen nicht eingehalten werden. Einige rauchen sogar im Gebäude, Theo konsumiert ab und zu Gras. Seit dem Zusammentreffen mit dem Onkel und der Unterrichtsstunde zum Suchtkreislauf verzichtet er auf Alkohol. Doch an einem Abend bringt ihn Alice mit einem Kuss dazu, seinen Vorsatz aufzugeben. Sie erzählt, dass Weder sie geküsst hat. Später gehen sie in die Cafeteria, wo Theo im Rausch die Dracaena anzündet, die Ignaz gerettet hat. Die beiden flüchten, um nicht entdeckt zu werden.

(32) Von seiner Mutter erfährt Ricco, dass er in zwei Wochen entlassen wird. Leider zu spät, um die Prüfungen nachzuschreiben. Er erfährt außerdem von ihr, dass Pedro wieder gesund ist und Theo ein Internat in der Schweiz besucht. Marga ist glücklich, dass Ricco aufgehört hat zu rauchen und dass sie für ihn einen Aushilfsjob in der Metzgerei Leberle besorgen konnte. Während sie noch über Lissi schimpft, die an allem schuld sei, klingelt Riccos Handy. Es ist Lissi.

(33) Theo hat sich noch nicht zum Anschlag auf den Drachenbaum bekannt. Eines Abends taucht Weder mit der zerstörten Pflanze bei Theo auf, der sie wieder aufpäppeln soll. Dieser reagiert unwirsch: Die Pflanze sei nicht mehr zu retten, ihre Pflege sei Zeitverschwendung. Er beleidigt den Lehrer. Weder kündigt für den nächsten Tag einen Drogentest an. Um nicht aufzufliegen, beschließen Theo und Alice abzuhauen.

(34) Nachts stehlen sich Theo und Alice davon. Bevor sie mit Alices Auto losfahren, kommt es zum Streit, da Theo nach Irland möchte, während Alice auf Frankreich beharrt und sich durchsetzt. Für Theo löst sich damit ein Wunsch in Luft auf. Er ist frustriert.

(35) Am nächsten Abend möchte Alice das Kloster Bar-la-Chapelle erreichen. Kurz vor dem Ziel rast sie auf eine T-Kreuzung zu, weiß nicht, wohin sie abbiegen muss, und landet mit dem Wagen im Straßengraben. Während Alice darauf beharrt, dass man in kritischen Situationen zuerst beten müsse, sucht Theo verzweifelt nach einem Abschleppseil. Schließlich zieht sie ein Bauer mit seinem Traktor aus dem Graben. Euphorisch wegen der Rettung beschließt Alice, ein neues Leben ohne Drogen zu beginnen, und will Theo ebenfalls dazu bringen. Theo glaubt nicht an ihr Durchhaltevermögen.

(36) Ricco, der vor zwei Tagen aus dem Krankenhaus entlassen wurde, ist auf dem Weg zu einer Klinik im Schwarzwald, um Lissi zu besuchen. Seine Mutter weiß nichts davon. Eine veränderte, gesünder wirkende Lissi begrüßt Ricco. Sie schenkt ihm ein kurzes Liebesgedicht, schildert rasch die Begleitsymptome des Entzugs und erklärt ihm, dass ihr der Gedanke an ihn in schweren Phasen hilft. Sie wünscht sich, den Entzug diesmal zu schaffen, weiß aber, dass es nicht leicht wird.

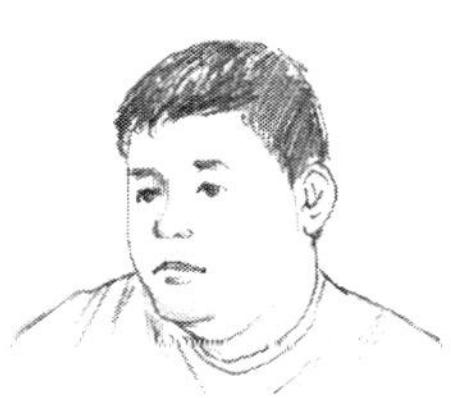

(37) Alice und Theo sind mittlerweile auf dem Weg nach Paris. Während der Fahrt hat Theo verschiedene Rauschmittel konsumiert und leidet unter Verfolgungswahn. Zwischen Alice und ihm entwickelt sich ein heftiger Streit, schließlich lässt sie ihn aussteigen und fährt ohne ihn weiter. Ein Blumentransporter nimmt Theo bis zum nächsten Rastplatz mit. Kaum ist der Lastwagen verschwunden, sieht Theo, dass er ein Alpenveilchen verloren hat. Nach kurzem Zögern beschließt Theo, es zu „retten“, hebt es auf und stopft es in seine Jackentasche.

(Epilog) Ein Jahr nach den Ereignissen treffen sich Theo und Ricco auf dem Spielplatz in Marklingen. Theo fällt auf, dass sein Freund sich verändert hat. Er hat abgenommen und seinen Abschluss nachgeholt. Theo erzählt, dass er trotz seines Fehlverhaltens im Internat und seiner Flucht dank des geretteten Alpenveilchens wieder aufgenommen wurde. Dass Alice im Rausch mit dem Auto tödlich verunglückt ist, spart er aus. Theo möchte mit Ricco einen Joint rauchen, doch der lehnt ab und geht. Theo glaubt immer noch, er könne einen Tag – oder „ein paar Stunden mindestens“ – ohne Drogen auskommen.

Unterrichtsschwerpunkte

- Symbole
- Entwicklung der Figuren
- Ein Liebesgedicht untersuchen
- Verliebtheit und Freundschaft

Zu den Kopiervorlagen

Anschlag auf den Drachenbaum

Im Roman tauchen verschiedene Dinge mit Symbolcharakter auf. Um den Sinn dieser Symbole zu erfassen, müssen die Schüler sie erkennen und genauer untersuchen. Zum Einstieg wiederholen sie ihr Wissen zu Symbolen.

Mögliche Lösung

Aufgabe 1:

Bei einem Symbol besteht zwischen dem Zeichen (Ding oder Handlung) und dem Bezeichneten (z. B. Gefühl, Haltung) keine natürliche Ähnlichkeit. Die Verbindung von Zeichen und Bezeichnetem, also der tiefere Sinn des Symbols, erfolgt durch eine Übereinkunft. Beispiel: rote Rose als Symbol für Liebe.

Aufgabe 2:

- (...) = Der Drachenbaum steht als Pflanze für das Leben, für Theo selbst, für Theo als Hoffnungsträger der Familie.
- Seine Eltern sind stolz auf den Baum. = Erwartungshaltung gegenüber Theo, seine Eltern ebenfalls stolz zu machen.
- Onkel Ignaz hat einen Drachenbaum aus einer Mülltonne gerettet und erwartet dasselbe von seinen Schülern. = Er gibt nichts und niemanden auf, auch nicht Jugendliche mit Problemen. Er erwartet dieselbe verantwortungsvolle Haltung von den Schülern.
- Theo zündet den Drachenbaum im Internat an. = Er rebelliert sowohl gegen seine Eltern als auch gegen den Onkel, die ihm helfen wollen. Er spielt durch seinen Drogenkonsum mit dem Feuer und gefährdet sich selbst.

Aufgabe 3:

- Maultaschenhaus = steht für die Erwartungen von Theos Eltern, die ihn belasten, und für die Spießigkeit, der er entkommen will
- Theos Rucksack = weist auf seine Sehnsucht hin, die Heimat zu verlassen, auf seinen Drogenkonsum, den er von Marklingen nach Luginsbühl „mitnimmt“
- Spielplatz = Verlust der Kindheit und Unbescholtenheit (am Romanende: Rückkehr zum Ausgangspunkt „Druffi“, Vereinsamung)
- Irland = „neues“ Leben (mit Sucht), Freiheit von Ver- und Geboten, Flucht vor der Wirklichkeit
- Abzweigungen = Wahlmöglichkeiten, neue Chancen, mögliche Auswege aus den Problemen
- Alpenveilchen = Chance für einen Neuanfang
- Hamsterrad = Kreislauf der Sucht, aus dem es kein (einfaches) Entkommen gibt, kann auch als Symbol für spießiges Leben / vorgezeichnetes Berufsleben gesehen werden

Zeitverschwendung?

Theo und Ricco werden durch die beiden Mädchen noch intensiver mit Drogenkonsum, mit sozialen, familiären und psychischen Problemen sowie mit Verstößen gegen Regeln und Gesetze konfrontiert und lassen sich dazu auch selbst verführen.

Zunächst stellen die Schüler die beiden Mädchen einander gegenüber und vergleichen sie. Anhand der Tabelle zeigt sich, dass die Entstehung von Suchtproblemen vielschichtig ist und verschiedene Lebensbereiche erfasst. Daher ist es wichtig, dass diese zur Rehabilitation hinzugezogen werden. Die Drogen, die von Jugendlichen konsumiert werden, führen in ihrer Langzeitwirkung nicht zwingend zum Tod, haben aber eine soziale Wirkung und können bereits in jungen Jahren Lebensläufe und Lebensziele beeinträchtigen. Lassen Sie Aufgabe 1 evtl. von zwei Gruppen erarbeiten. Ein Sprecher der jeweiligen Gruppe stellt der gesamten Klasse die Ergebnisse vor.

Anhand von Aufgabe 2 setzen sich die Schüler damit auseinander, dass Jugendliche mit Drogenproblemen von der Gesellschaft (im Roman von Rolf) schnell abgestempelt werden. Auch wenn sie eine zweite Chance bekommen (im Roman durch Onkel Ignaz), heißt das noch nicht, dass sie diese auch nutzen.

Mögliche Lösung

Aufgabe 1:

Lissi		Alice
Lissi ist 18 Jahre alt.	Alter	Alice ist 19 Jahre alt.
• ist sehr hübsch, hat langes, blondes Haar • kleidet sich figurbetont • trägt ein Bauchnabelpiercing • schminkt sich stark	Aussehen	• ist hübsch, hat rötliches, lockiges, nackenlanges Haar • Sommersprossen, grün-graue Augen • trägt alltägliche, eher lässige Kleidung • hat eine normale Figur

• besucht die 10. Klasse • lebt in einem Hochhaus am Stadtrand • geht regelmäßig in die Disco • ritzt sich seit zwei Jahren	Lebens-situation, Alltag	• ist Vertrauens-person für jünge-re Schüler • besucht mit Theo die 10. Klasse im Internat • hat bereits den Führerschein und ein Auto
• lebt zusammen mit ihrer Mutter und ihrem Stief-vater • ihr Stiefvater schlägt sie öfter	Familien-situation	• Vater ist irischer Whiskeyfabrik-besitzer • war noch nie in Irland • Eltern haben sich getrennt, als sie zwei Jahre alt war • war öfter mit ihrem Vater und dessen Familie im Urlaub • ist in der Schweiz bei der Mutter aufgewachsen
• konsumiert regel-mäßig härtere Drogen, vermut-lich Kokain, trinkt Alkohol, ist poly-tox • hat bereits mehr-mals wegen Dro-genmissbrauchs entgiftet • kauft sich sogar im Krankenhaus Stoff	Umgang mit Drogen	• trinkt regelmäßig Alkohol, kifft • verharmlost Alkoholkonsum • fährt unter Alko-holeinfluss Auto • will ein neues Leben ohne Alkohol an-fangen, hält aber nicht lange durch
• benutzt Männer, um sich Geld für Drogen zu be-schaffen (evtl. sogar Prostitution) • wird von ihrem Stiefvater geschla-gen	Erfahrun-gen mit Männern	• flirtet mit ihrem Lehrer Beat Weder • hatte mit ihm ver-mutlich sexuelle Erfahrungen • verliert schnell Interesse an Theo
• Entziehungskur in Klinik • Liebe von und zu Ricco baut sie auf, verleiht Hoffnung und Willenskraft	Zukunft, Chancen	• hat keine Zukunft mehr

Aufgabe 2:
Rolf würde über Alice wohl dasselbe sagen. Onkel Ignaz würde Lissi genauso wenig aufgeben wie Alice.

Irgendwie frei

Während Riccos Mutter glaubt, ihr Sohn sei von Lissi und ihrem schlechten Einfluss kuriert und habe keinen Kontakt mehr zu ihr, schafft Ricco es doch, mit Lissi in Verbindung zu bleiben und sie heimlich zu besuchen.

Die Schüler versetzen sich zunächst in Ricco und formulieren seine widerstreitenden Gedanken. Denn er weiß, dass von Lissi wie von einer Droge Gefahren für ihn ausgehen. Dennoch kann er aus Verliebtheit und Verantwortungsgefühl nicht von ihr lassen.

In dem kurzen Liebesgedicht zeigt sich eine Veränderung in der Beziehung zwischen den beiden.

Als Hausaufgabe zu Aufgabe 2 können die Jugendlichen sich vertiefend mit Liebeslyrik auseinandersetzen, indem sie ein Liebesgedicht (oder einen Songtext) suchen, das sie besonders anspricht. Sie schreiben es in ihr Heft und notieren darunter die Wünsche und Sehnsüchte, die es ausdrückt. Da diese Aufgabe sehr persönlich ist, sollten die Schüler nicht gezwungen werden, ihr Ergebnis vor der Klasse zu präsentieren.

Mögliche Lösung
Aufgabe 1:
Situation: Anwesenheit der Mutter, die wie Pedro nichts davon wissen soll, dass er mit Lissi Kontakt hat, weil beide sie als Alleinverantwortliche für Riccos Tat verabscheuen
- Lissi könnte mich wieder zu Drogen verleiten und alles könnte von vorne losgehen.
- Ich bin immer noch verliebt in Lissi und fühle mich für sie verantwortlich.

Aufgabe 2:
Lissi sieht in Ricco jemanden, der es – auch wenn er nicht besonders attraktiv ist – geschafft hat, von Suchtmitteln loszukommen. Ihre Bitte drückt aus, dass sie Angst hat, von dem verlassen zu werden, der trotz allem zu ihr steht. Der Wunsch, wie Ricco zu sein, bedeutet, dass sie die Sucht überwinden möchte.

Aufgabe 3:
kürzere Haare, nicht geschminkt, strahlende Augen, Freude an Maltherapie, sie nennt Ricco nicht mehr „Dummi“, sie spricht von ihren Gefühlen, pumpt Ricco nicht um Geld oder Drogen an, sie will wirklich von der Sucht loskommen

Aufgabe 4:
Ricco zeigt ihr, dass man von Drogen wieder loskommen kann. Seine Liebe gibt ihr Kraft, Selbstvertrauen, Selbstwertgefühl und die Hoffnung, dass auch sie den Ausstieg schaffen kann. Dennoch sollte Ricco während und nach Lissis Entzug darauf achten, dass sie ihn – falls sie wieder rückfällig wird – nicht wieder zum Drogenkonsum verführt. Denn das Verhältnis zwischen den beiden und ihre gemeinsame „Geschichte" scheint auch abgesehen davon keine gute Basis für eine ausgeglichene Beziehung zu sein.

KV Seite 44

Freunde?
Freunde und Freundeskreis werden für Jugendliche in der Pubertät immer wichtiger. Freundschaften aus Kindertagen zerbrechen, weil man sich unterschiedlich entwickelt. Neue Freundschaften bilden sich. Weder alte noch neue Freundschaften schützen vor negativen Einflüssen. Daher ist das Ziel dieser Kopiervorlage, dass sich die Schüler klar machen, was eine gute Freundschaft ausmacht und wo Freundschaft aufhört. Ihre Gedanken übertragen sie auf das Beispiel von Theo und Ricco, die – wie man zu Beginn des Romans erfährt – seit mehreren Jahren befreundet sind. Lassen Sie die Schüler diskutieren, ob die beiden ihrer Meinung nach am Romanende noch Freunde sind und darüber hinaus bleiben werden. Sprechen Sie evtl. in der Klasse darüber, wie sich Ricco, der Lissi mit ihrem Suchtproblem nicht allein gelassen hat, nun Theo gegenüber verhalten müsste. Wie könnte er Theo beistehen, ohne sich selbst in Gefahr zu bringen? Ist es manchmal besser, eine Freundschaft abzubrechen?

Mögliche Lösung
Aufgabe 1:
Wahre Freundschaft: Verlässlichkeit, gemeinsame Freizeitgestaltung, auf einer Wellenlänge sein
Ende von Freundschaft: Vertrauensbruch, keine gemeinsam verbrachte Zeit, Gefährdung des anderen

Aufgabe 2:
Veränderungen bei Theo: ordentliche Frisur, ansonsten hat er sich nicht verändert; er hat zwar eine neue Chance nach seiner Flucht bekommen, doch er hat sie nicht genutzt; er nimmt nach wie vor Rauschmittel und seinen Abschluss hat er vermutlich nicht geschafft
Veränderungen bei Ricco: hat abgenommen, hat gelernt, seinem Freund gegenüber Nein zu sagen, er hat an Willensstärke gewonnen

Aufgabe 3:
Die beiden werden wohl getrennte Wege gehen, denn Ricco will sich nicht mehr zu Drogen verführen lassen und für Theo ist der gemeinsame Konsum ein Zeichen von Freundschaft. Theo wird sich wahrscheinlich neue Freunde suchen, die mit ihm Drogen konsumieren, während Ricco seine Zeit mit Menschen verbringen wird, die ihn nicht zum Drogenkonsum verleiten.

Gesprächs- und Schreibanlässe

Wie konnte es nur so weit kommen?
Theo sitzt neben dem Lastwagenfahrer, der ihn zum nächsten Rastplatz bringt. Was geht Theo nach der Trennung von Alice durch den Kopf? Schreibe einen inneren Monolog.

Genutzte und verspielte Chancen
Theo, Ricco, Lissi und Alice haben alle eine neue Chance bekommen. Haben sie sie genutzt? Wenn ja, wie?

Irgendwie frei
Ein Großteil der Werbung für legale Suchtmittel suggeriert, dass der Konsument des jeweiligen Produkts freier sei als andere. Suche in Zeitschriften oder im Internet nach solchen Werbeannoncen und untersuche, worin die proklamierte „Freiheit" bestehen soll. Überlege, ob man den Wunsch nach Freiheit und Abenteuer nicht auch auf andere Art und Weise befriedigen kann.

Blick in die Zukunft
Stell dir vor, dass seit dem letzten Treffen von Theo und Ricco weitere drei Jahre vergangen sind. Wie haben sich die beiden, wie hat sich Lissi wohl weiterentwickelt?

Einen Nachruf schreiben
Alice ist tödlich verunglückt. Die Schüler des Internats verfassen einen Nachruf. Welche Eigenschaften, Talente und Besonderheiten von Alice müssten darin genannt werden? Entwerft diesen Nachruf in Partnerarbeit.

Anschlag auf den Drachenbaum

Erkläre kurz, was ein Symbol ist, und gib ein Beispiel dafür. Tipp: Nutze ein Lexikon.

Im Roman erhalten bestimmte Gegenstände oder Handlungen eine tiefere Bedeutung. Sie werden zum Symbol.

Theo zündet den Drachenbaum an, den sein Onkel vor Jahren gerettet hat. Suche alle Stellen im Text, in denen ein Drachenbaum erwähnt wird (z. B. 16., 21., 31. Kapitel). Notiere, welche Bedeutung der Pflanze darin jeweils beigemessen wird.

Der Drachenbaum im Wohnzimmer der Eltern ist so alt wie Theo. Er wurde seinen Eltern zur Geburt

ihres Sohnes geschenkt. = ______________________

Manche Dinge werden im Roman immer wieder erwähnt, oft scheinbar beiläufig. So werden sie mit Bedeutung aufgeladen und gewinnen einen tieferen Sinn für das Geschehen.

Welche Bedeutungen in Bezug auf Theo schwingen bei den folgenden Dingen mit? Schreibe in dein Heft.

Maultaschenhaus | Theos Rucksack | Spielplatz | Irland | Abzweigungen | Alpenveilchen | Hamsterrad

Welche Symbole oder welche symbolhaften Handlungen sind dir persönlich wichtig? Schreibe auf.

Zeitverschwendung?

Lissi und Alice beeinflussen Ricco und Theo sehr. Welche Gemeinsamkeiten und Unterschiede stellst du zwischen den beiden fest? Ergänze die Tabelle in Stichworten.

Lissi ist ______ Jahre alt.	Alter	Alice ist ______ Jahre alt.
	Aussehen	
	Lebens-situation, Alltag	
	Familien-situation	
	Umgang mit Drogen	
	Erfahrungen mit Männern	
	Zukunft, Chancen	

Der Pfleger Rolf bezeichnet Lissi im 28. Kapitel als „Zeitverschwendung“, als „geprägte Münze“, als jemand, der bereits zu tief im Drogensumpf steckt, als dass man ihn noch retten könnte. Würde er über Alice dasselbe sagen? Wie würde Onkel Ignaz mit Lissi umgehen?

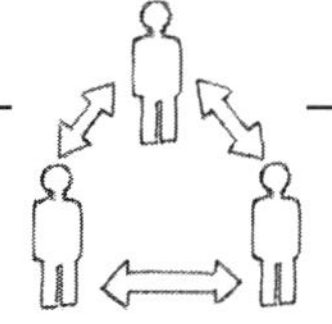

Irgendwie frei

„Hey, Dummi. Mann, bin ich froh, deine Stimme zu hören“, sagt Lissi von irgendwoher. (S. 131)

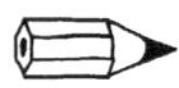 In welcher Situation steckt Ricco, als Lissi anruft? Was geht ihm in diesem Moment wohl durch den Kopf? Schreibe auf.

Situation: ______________________________

Untersuche das Gedicht, das Lissi Ricco geschenkt hat (S. 145), anhand der folgenden Fragen: Wie sieht Lissi Ricco? Was wird durch ihre Bitte ausgedrückt? Was wünscht sie sich? Was steckt hinter ihrem Wunsch? Schreibe auf.

Für Ricco

Du bist nicht hip und nicht high.

Ich denk an dich.

Bitte verlass mich nicht.

Ich wollt, ich wäre so wie du.

Irgendwie frei.

 Seit Lissi in der Entzugsklinik ist, hat sie sich verändert. Worin bestehen diese Veränderungen?

 Welche besondere Rolle spielt Ricco während des Entzugs für Lissi? Worauf sollte Ricco unbedingt achten, wenn er wieder mit Lissi Kontakt hat? Diskutiert darüber.

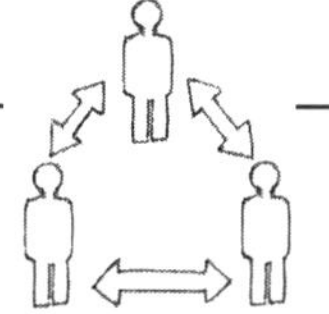

Freunde?

Im Verlauf der Pubertät verändert sich die Persönlichkeit und damit auch oft der Freundeskreis. Alte Beziehungen lösen sich auf, neue entstehen.

Ergänze das Schaubild: Schreibe links auf, was du unter wahrer Freundschaft verstehst, und rechts, wo für dich Freundschaft endet.

Freundschaft

Am Ende des Romans treffen sich Theo und Ricco ein Jahr nach dem folgenreichen Discobesuch. Was hat sich bei ihnen verändert?

Lies noch einmal den Epilog und halte äußere und innere Veränderungen der beiden in Stichworten fest.

Veränderungen bei Theo: ______

Veränderungen bei Ricco: ______

Welche Auswirkungen haben die Veränderungen wohl auf die Freundschaft von Theo und Ricco? Schreibe auf.

Unterrichtsschwerpunkte

- Schutzfaktoren gegen Drogen
- Eigene Identität und Zukunftspläne
- Buchkritik

Zu den Kopiervorlagen

KV Seite 46

Der Schutzfaktoren-Check

Welche positiven Fähigkeiten machen es unwahrscheinlicher, süchtig zu werden? Mit diesem Blatt schätzen die Schüler ihre eigenen Stärken und Schwächen ein und machen sich darüber Gedanken, wie diese mit ihrem Suchtverhalten zusammenhängen. In einem zweiten Schritt überlegen die Schüler, wie die genannten Fähigkeiten als Schutzfaktoren gegen Suchtanfälligkeit wirken können.

KV Seite 47

Und wo stehe ich?

Ein starkes, gesundes Selbstwertgefühl ist ein guter Schutz vor Drogenmissbrauch. Deshalb fordert das Arbeitsblatt die Schüler auf, sich Gedanken über die eigene Persönlichkeit zu machen. Im Anschluss an die Selbstreflexion können die Ergebnisse behutsam im Gesprächskreis aufgegriffen werden. Wichtig dabei ist, dass jeder Schüler das Recht hat, seine Selbstbeobachtungen geheim zu halten.

Lassen Sie die Schüler abschließend für sich die folgenden Fragen schriftlich beantworten:

- Welche Botschaften des Romans erscheinen dir bedeutsam für dein eigenes Leben?
- Worüber hast du dir Gedanken gemacht?
- Welche Pläne schmiedest du?
- Was hast du dir vorgenommen?
- Wie möchtest du dein Leben gestalten?

KV Seite 48

Meine Buchbewertung

Zum Abschluss äußern die Schüler ihre Meinung zur Lektüre. Sie bewerten verschiedene Aspekte des Romans: Inhalt, Schreibstil und Wirkung. Anschließend werten Sie gemeinsam mit den Schülern die Fragebögen im Klassenverband aus und lassen darüber diskutieren. Als weiterführende Aufgabe schreiben die Schüler eine ausführliche Buchkritik. Die genannten Bewertungskriterien auf der Kopiervorlage dienen ihnen hierfür als Hilfe und Anregung.

Gesprächs- und Schreibanlässe

Vorsätze für die Zukunft

Fasse einen guten Vorsatz für die Zukunft, z. B. nicht zu rauchen, mehr Sport zu treiben, auf Alkohol zu verzichten. Schreibe deinen Vorsatz auf und lies in einem Jahr, was du dir vorgenommen hast. Konntest du ihn halten?

Wie ein Rausch …

Sammle Tätigkeiten und Erlebnisse, bei denen du dich auch ohne Drogen so wohl fühlen kannst, dass du in eine Art „Rausch" kommst. Berichte den anderen davon.

Kreativ aktiv

Ein neues Cover

Nachdem du das Buch gelesen hast, hast du bestimmt viele gute Ideen für einen neuen Buchumschlag. Gestalte für dein Buch ein neues Cover – so bekommt es eine ganz persönliche Note.

Ein Fotoroman

Wählt in Gruppen für die Geschichte zentrale Szenen aus dem Roman aus und stellt diese in der chronologischen Reihenfolge nach. Macht Fotos davon und unterlegt diese mit Text. So wird aus dem Roman euer ganz eigener Fotoroman.

Der Schutzfaktoren-Check

So wie es bestimmte Faktoren gibt, die eine Sucht wahrscheinlicher machen, spricht man auch von „Schutzfaktoren gegen Suchtanfälligkeit". Gemeint sind damit Fähigkeiten, die davor schützen können, überhaupt süchtig zu werden.

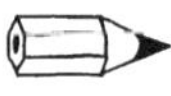

Fülle den folgenden Fragebogen selbstständig aus. Er ist nicht für andere gedacht, sondern als Denkanstoß für dich selbst – wie du dich siehst, wo deine Stärken und Schwächen liegen.

	stimme voll zu	mal so, mal so	stimme nicht zu
Ich kann mich abgrenzen und ausklinken, wenn mir mal was nicht passt.			
Ich kann Nein sagen.			
Ich kann Niederlagen einstecken, ohne auszuflippen.			
Ich bin alles in allem zufrieden mit mir.			
Ich traue mich, meine Meinung zu sagen.			
Im Genießen bin ich richtig gut.			
Ich kann gut Kontakt aufnehmen.			
Ich traue mir eine Menge zu.			
Ich vertraue mich mit meinen Problemen und Träumen meinen engsten Freunden an.			

(nach: Bundeszentrale für gesundheitliche Aufklärung. Infoblatt „Sucht fällt nicht vom Himmel")

Wie können die hier genannten Fähigkeiten als „Schutzfaktoren gegen Suchtanfälligkeit" wirken?

Ihr könnt bei eurer Argumentation auch auf die Erfahrungen und Persönlichkeiten von Ricco und Theo zurückgreifen:
Wenn Ricco aktiv etwas gegen sein Übergewicht unternommen hätte, dann …
Wenn Theo sich mit seinen Eltern intensiv um einen Kompromiss bezüglich seiner Berufswahl bemüht hätte, dann …

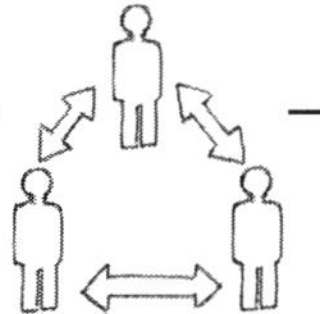

Und wo stehe ich?

Lies die Definition von „Identität" und stelle in einem einfachen Schaubild dar, was sie bedeutet. Erkläre deinem Partner in eigenen Worten, was Identität ausmacht.

„Identität ist das Bewusstsein, ein unverwechselbares Individuum mit einer eigenen Lebensgeschichte zu sein, in seinem Handeln eine gewisse Konsequenz zu zeigen und in der Auseinandersetzung mit anderen eine Balance zwischen individuellen Ansprüchen und sozialen Erwartungen gefunden zu haben. In Hinsicht auf die Entwicklung des Individuums heißt Identität, die Vergangenheit mit der Gegenwart in einer sinnvollen Ordnung zu halten und die Zukunft planvoll anzugehen."

(Heinz Abels, Einführung in die Soziologie, Bd. 2, Wiesbaden: VS Verlag für Sozialwissenschaften 2004, S. 347)

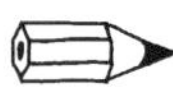

Wie weit bist du bei deiner Identitätsfindung? Notiere Stichworte zu den einzelnen Fragen in dein Heft.

Was macht mich aus: Welche Erlebnisse, Charakterzüge, Erfahrungen machen mich unverwechselbar?

Was möchte ich in meinem Leben erreichen?

Wo liegen meine besonderen Stärken?

Wie reagiere ich auf das Verhalten anderer?

Wo liegen meine Schwächen?

Was bereitet mir große Freude?

Wie gehe ich mit meinen eigenen Erwartungen an mich um?

Wie gehe ich mit den Erwartungen anderer an mich um?

Was weckt in mir negative Gefühle?

Verfolge ich meine Ziele konsequent?

Was möchte ich an mir ändern?

Wie sehen mich die anderen? (Frage hierfür deine Eltern, einen Freund, einen Bekannten.)

Meine Buchbewertung

Sei ein fairer und kompetenter Literaturkritiker. Kreuze zunächst in der Tabelle die Bereiche nach deiner persönlichen Beurteilung an. Verfasse im Anschluss eine Buchkritik.

Nr.	**Beurteilung** (++ = sehr gut, + = gut gelungen, o = geht so, ~ = weniger gelungen, – = schlecht)	++	+	o	~	–
Zum Inhalt						
1	Die Handlung ist glaubwürdig aufgebaut.					
2	Die Hauptpersonen sind authentisch dargestellt.					
3	Die Geschichte behandelt eine für Jugendliche wichtige Problematik.					
4	Der Roman enthält treffende Beschreibungen menschlicher Verhaltensweisen.					
5	Das Buch bietet Gesprächsstoff für mich und meine Freunde.					
Zum Schreibstil						
6	Die Sprache ist für Jugendliche angemessen gewählt.					
7	Der Erzählstil ist lebendig, anschaulich und eindringlich.					
8	Schön formuliert fand ich folgenden Satz: ____________________ ____________________					
Zur Wirkung						
9	Die Lektüre klärt auf, ist spannend und unterhaltsam.					
10	Ich habe einiges über die Gefahren des Drogenkonsums und über die Suchtproblematik gelernt.					
11	Das Buch hat mein Interesse geweckt, mehr über Drogen- und Suchtprävention zu erfahren.					
12	Der Roman vermittelt wichtige Lebenserfahrungen und erweitert den Horizont.					
13	Der Roman hat genau die richtige Länge.					
14	Ich habe Lust, mehr Bücher dieser Autoren zu lesen.					
15	Ich habe mir vorgenommen … ____________________ ____________________					